消防文献信息检索与利用

李培志 刘 媛 赵 科 **编著**

中国人民公安大学出版社
·北 京·

图书在版编目（CIP）数据

消防文献信息检索与利用/李培志，刘媛，赵科编著. —北京：
中国人民公安大学出版社，2013. 10
ISBN 978 - 7 - 5653 - 1463 - 6

Ⅰ. ①消…　Ⅱ. ①李…②刘…③赵…　Ⅲ. ①消防—情报检索
Ⅳ. ①G252. 7

中国版本图书馆 CIP 数据核字（2013）第 220426 号

消防文献信息检索与利用

李培志　刘　媛　赵　科　编著

出版发行：中国人民公安大学出版社
地　　址：北京市西城区木樨地南里
邮政编码：100038
经　　销：新华书店
印　　刷：北京蓝空印刷厂
版　　次：2013 年 10 月第 1 版
印　　次：2013 年 10 月第 1 次
印　　张：8. 25
开　　本：880 毫米×1230 毫米　1/32
字　　数：222 千字
书　　号：ISBN 978 - 7 - 5653 - 1463 - 6
定　　价：30. 00 元
网　　址：www. cppsup. com. cn　www. porclub. com. cn
电子邮箱：zbs@ cppsup. com　zbs@ cppsu. edu. cn
营销中心电话：010 - 83903254
读者服务部电话（门市）：010 - 83903257
警官读者俱乐部电话（网购、邮购）：010 - 83903253
法律图书分社电话：010 - 83905745

目　　录

前　言 ……………………………………………………… （ 1 ）

第一章　信息检索基础理论 ………………………………… （ 1 ）

　　第一节　信息与信息资源 ………………………………… （ 1 ）
　　第二节　信息检索基础知识 ……………………………… （ 10 ）

第二章　消防常用中文数据库 ……………………………… （ 43 ）

　　第一节　中国知识资源总库
　　　　　　——CNKI 系列数据库 ………………………… （ 43 ）
　　第二节　万方数据知识服务平台 ………………………… （ 58 ）
　　第三节　维普期刊资源整合服务平台 …………………… （ 67 ）
　　第四节　超星数字图书馆 ………………………………… （ 74 ）
　　第五节　北大法宝 ………………………………………… （ 83 ）
　　第六节　中国科学引文数据库 …………………………… （ 87 ）
　　第七节　中文社会科学引文索引数据库 ………………… （ 90 ）
　　第八节　人大复印报刊资料数据库 ……………………… （ 92 ）
　　第九节　全国报刊索引数据库 …………………………… （ 96 ）

第三章　消防常用外文数据库 ……………………………… （102）

　　第一节　EBSCO 全文数据库 …………………………… （102）

第二节　Science Direct 数据库 …………………… （104）

第三节　Wiley 数据库 …………………………… （106）

第四节　SpringerLink 数据库 ………………… （109）

第五节　Westlaw 法律数据库 ………………… （112）

第六节　Web of Science 数据库 ……………… （115）

第七节　Ei Village 2 数据库 ………………… （119）

第四章　网络消防信息资源检索 …………………… （123）

第一节　网络信息资源概述 ……………………… （123）

第二节　搜索引擎 ………………………………… （132）

第三节　开放获取资源 …………………………… （140）

第四节　数据与事实的网络检索 ……………… （144）

第五节　消防科学常用的网络资源 …………… （149）

第五章　特种消防文献信息检索 …………………… （180）

第一节　消防专利信息检索 …………………… （180）

第二节　消防标准文献检索 …………………… （190）

第三节　消防会议文献检索 …………………… （203）

第四节　消防学位论文检索 …………………… （209）

第五节　消防产品信息检索 …………………… （213）

第六节　消防科技报告检索 …………………… （216）

第六章　消防信息资源的综合利用 ……………… （222）

第一节　信息资源的收集、整理与分析 ……… （222）

第二节　信息研究报告的撰写 ………………… （228）

第三节　学术论文的撰写 ……………………… （240）

参考文献 ……………………………………………… （252）

前　言

　　现代社会早已步入知识时代、信息时代，阅读不仅是现代人工作、学习的主要方式和手段，也是现代人日常生活不可或缺的重要组成部分。现代阅读已不仅限于单向传播的传统的纸质阅读，近年来，计算机阅读、手机阅读等依托新媒体的数字阅读以其形式多样、类型丰富、方便快捷且能够双向沟通的巨大优势超过传统阅读，成为主要的阅读方式。2011年中国出版科学研究所针对我国18～70周岁国民组织实施的"第九次全国国民阅读调查"数据显示，2009年各种电子媒介阅读率为72.0%，图书阅读率为50.1%，数字化阅读方式以网络在线阅读和手机阅读为主。不到十年时间，人们从以纸质图书、报刊为主的阅读时代迅速进入以网络阅读、手机阅读为主的新媒体阅读时代，数字信息资源已经成为读者获取各类知识、情报、信息的主要渠道，数字阅读已经超越传统的纸质文献阅读，成为文献资源利用的主要形式。受惠于现代网络技术和信息技术的进步，现代社会信息无处不在。读者无论在任何时间，不一定必须在图书馆、办公室，在地铁、公交车、家庭以及任何场所，只要有一个手机、笔记本电脑或者平板电脑等阅读终端，就能够遍览天下群书，查阅所需的任何资料信息。

　　随着信息技术的发展，数字文献信息资源数量日渐丰富，不仅新出版的图书、期刊、报纸等传统纸质媒体都有了网络版本，过去数千年来承载人类文明的各种类型的文献、艺术作品等也在以极快的速度数字化、网络化，以数据库的形式通过网络为人们随时随地查阅使用。形形色色的数字文献信息资源为广大读者提供了强大、方便、快捷的文献信息保障。但众多数据库的海量信息，各式各样的阅读格式，烦琐复杂而又各不相同的检索方式以及网络工程师设计的如迷宫般层叠的图书馆数字资源网页，这一切都使大多数读者陷入无所适从的境地，难以迅速、快捷、全面查找和有效利用所需要的文献信息。有哪些有效文献信息资源可供利用，怎样最快、最全地查找自己需要的知识和信息，这就要求读者必须具备一定的文献信息检索知识和技巧。

"消防"即预防和扑灭火灾，抢险救援。火灾等各类灾害严重威胁公共安全、危害人们的生命财产安全。现代社会，消防不仅是一项专门工作，更与每个人的生活息息相关。现代社会的消防文献信息总量浩如烟海，分散于各种载体，涉及面非常广泛，难以查找和利用。从消防相关高等教育的学科专业设置情况看，虽然我国高等教育体系当前开设的只有消防工程、消防指挥、火灾勘查、核生化消防、抢险救援指挥与技术、电子信息工程、思想政治教育共7个消防相关本科专业，军事法学、安全技术及工程、作战指挥学、部队政治工作、材料学共5个消防相关研究生专业，但作为一个多学科、多专业交叉的领域，这些消防学科、专业的人才培养方案中开设的数百门课程涉及13个学科门类的大多数；从消防相关的文献信息类型看，消防文献信息分布十分广泛，散布于几乎中国图书馆图书分类法涉及的所有5个部类22大类；从消防相关文献信息的载体看，消防信息资源几乎分布于国家标准《文献类型与文献载体代码》规定的所有26个文献类型。因此，消防文献信息的查找、利用需要专门的知识和技巧，这不仅是消防相关院校、科研机构教学科研人员必备的基本技能，也是专业消防队伍、消防产品生产销售等行业从业人员需要掌握的基本知识。

本书是一本介绍消防文献信息检索与利用的参考用书，既可作为消防院校和科研机构的教学科研人员查阅专业文献资料从事消防课程教学、科学研究的教学参考用书，也可作为从事消防监督管理、灭火、抢险救援以及各类消防产品生产相关人员查阅消防文献信息的参考书，还可以帮助社会各界读者学习掌握文献信息检索知识技巧。

本书由中国人民武装警察部队学院图书馆的李培志、刘媛、赵科合作编著，具体分工为：第一、五章由刘媛撰写，第二、三章由李培志撰写，第四、六章由赵科撰写。

本书在撰写过程中，中国人民武装警察部队学院训练部编辑出版中心岳庚吉主任帮助审定稿件，李昊青、卢礼盈等同志给予帮助，在此一并致以衷心感谢。本书的撰写参考了大量国内外文献资料和网络资源，在参考文献中可能有所疏漏，谨请谅解，在此向相关作者和机构表示感谢。

由于编著者水平有限，本书必有不少纰漏之处，欢迎各位读者批评指正。

编著者
2013 年 8 月

第一章　信息检索基础理论

第一节　信息与信息资源

一、基本概念及其关系

（一）信息

到目前为止，尚无一种定义被社会各界一致接受。不同的领域人们赋予信息不同的定义，从不同的角度反映了信息的某些特征。概括起来主要有以下观点：

《辞海》（1989 年版）对信息的解释是：①音讯、消息。②通信系统传输和处理的对象，泛指消息和信号的具体内容和意义。美国《韦氏字典》对信息的解释是：信息是用来通信的事实，在观察中得到的数据、新闻和知识。信息论的创始人申农认为："信息是用来消除不确定性的东西。"控制论的创始人维纳认为："信息是人们在适应外部世界并且使之反作用于外部世界的过程中，同外部世界进行交换内容的名称。"美国威尔伯·施拉姆在《传播学概论》中将信息定义为：信息意为消息、情报、知识、资料、数据等。

当前具有广泛影响的定义为："信息是指应用文字、数据或信号等形式通过一定的传递和处理，来表现各种相互联系的客观事物在运动中所具有的特征性内容的总称。"

（二）知识

"知识是人类认识的成果或结晶。"这是 1989 年版《辞海》对知识的解释。知识是人们在认识世界、改造世界的实践中所获得的认识和经验的总结，是人类在社会实践中通过有目的、有区别、有选择地利用信息，认识自然界和人类社会发展的运动规律，并通过人的大脑进行重新组合和系统化的信息集合。

（三）情报

情报是关于某种情况的消息和报告。情报就是运用一定的媒体（载体），越过空间和时间传递给特定用户，是解决具体科研、生产中的问题所需要的特定知识或信息。情报包括三个基本要素：一是知识或信息；二是要经过传递；三是效用性。情报产生效益不仅取决于情报源，也取决于情报用户。

（四）文献

"文献是记录有知识的一切载体。"这是《中华人民共和国国家标准文献著录总则》对文献的解释。也有学者认为："文献是用符号、声像等记录在一切载体上的知识。"从上述文献的定义可以看出，文献具有三个基本要素：一是文献含有知识信息；二是负载知识信息的物质载体；三是记录知识信息的符号和技术。文献记录知识信息，而这些知识信息又依附于载体而存在。文献是记录知识信息的物质形式，也是借以传递知识信息的工具。由于有文献的存在，人类的知识才得以保存和传播，人类的科学技术和文化才得到继承、发展。文献不仅包括书刊等印刷型出版物，还包括古代的甲骨文、竹简、帛书等，以及当今的声像出版物、电子出版物和互联网上的信息。

（五）信息、知识、情报与文献的关系

信息的内涵和外延在不断扩大，并渗透到人类社会和科学技术的众多领域，人类在接受了来自人类社会及自然界的大量信息后，通过认识、分析和重新组合，使信息系统化而形成知识，知识是人类大脑加工提炼信息的成果。同类信息的深化、积累，所产生的新的知识又会转化为新的信息，如此循环反复。被人们在特定场合中使用并发挥作用的知识则成为情报。知识依附于载体上就是文献。文献是传递知识信息的介质，是固化了的知识信息。

综上所述，信息、知识、情报、文献的关系是：信息是生产知识的原料；知识来源于信息，是信息的一部分；情报是特定的知识或信息；文献是存储、传递情报、知识、信息的载体。知识、情报和文献均包含于信息中，知识与文献、文献与情报是交叉关系。

二、信息资源

（一）信息资源的概念

信息资源是"信息"与"资源"两个概念整合后衍生出的新概念。信息资源概念有狭义和广义之分。狭义的理解认为，信息资源就是信息内容本身所构成的有序化集合，如科技信息、消防产品信息等；广义的理解认为，信息资源指人类社会活动中积累起来的信息及其信息产生者和信息技术等信息活动要素的集合。总之，信息资源是由信息构成的，但信息资源不等同于信息，信息中只有对人类有价值的一部分才能成为信息资源，而这部分有价值的信息是附加了人类劳动的，是经过人类加工处理的、长期积累起来的、有序化的、可供人类利用的信息集合。

（二）信息资源的类型

信息资源的类型可以从不同角度，根据不同标准来进行划分。现实信息资源从信息来源的表述方式和载体形式上划分，可以分为个人信息资源（口语信息资源和体语信息资源）、实物信息资源和文献信息资源三种类型。

1. 个人信息资源

个人信息资源，是指人类以口头语言方式或者在特定的文化背景下，以表情、手势、姿态等方式表述出来但未被记录下来的信息，也称零次信息。个人信息资源存在于人脑记忆中，通常以谈话、授课、演讲、讨论、歌唱、表演等方式进行交流和利用，反映人们的思考、看法、观点和见解。个人信息资源具有传递及时、内容新颖、主观随意等特点。获得个人信息资源的主要途径是跟人交流、会议交流、电话交流、观摩演出及借助媒体传播等。

2. 实物信息资源

实物信息资源，是指以某种实际存在的物品所表述出来的信息，如样品、展品等。实物信息资源中含有大量的科学技术和文化信息。实物信息资源具有直观性、真实性、成熟性、隐蔽性、零散性、效益性等特点。实物信息资源可以通过举办和参观各种展览、展销、陈列以及样品交换的方式进行收集和交流，通过对实物进行拍照、摄像等方式转换成文献信息资源。

3. 文献信息资源

文献信息资源，是指人类用文字、数据、图像、声频、视频等方式记录在一定载体上的信息。文献信息资源是现代社会最常用的、最重要的信息资源，只要载体不损坏或消失，文献信息资源就可以跨越时空而为人类所使用。文献信息资源具有易用性、稳定性、系统性、可控性等优点，是人们获取信息的主要来源，但也具有时滞性特点，使用时应注意。

（三）文献信息资源的类型

文献信息资源数量巨大，表现形式多样，为了便于人们更好地管理文献信息资源，更有效地开发利用文献信息资源，人们通常从文献信息资源的物质载体和记录方式、文献加工深度、出版发行形式和内容来划分文献信息资源。

1. 按文献信息资源的物质载体和记录方式划分

按照文献信息资源的物质载体和记录方式的不同，可以把文献信息资源划分为手写型、印刷型、缩微型、视听型、机读型 5 种类型。

2. 按文献信息资源的加工深度划分

按照文献信息加工深度不同，可以把文献信息资源划分为零次文献、一次文献、二次文献、三次文献 4 种类型。

（1）零次文献

零次文献，是指未经出版发行的或未进入社会交流的最原始文献，主要是私人笔记、手稿、个人信件、考察记录、实验记录、内部档案等，以及现代的电子邮件、BBS 等。零次文献的特点是内容独特、新颖，但不成熟，一般通过口头交谈、参观展览、参加报告会等途径获取。

（2）一次文献

一次文献，是指人们在社会实践和科学研究中根据科研成果、发明创造而撰写并首次公开发表的文献，也称为原始文献、原文、第一手资料。它的出版形式有图书、期刊论文、会议论文、科技报告、专利文献、政府出版物、标准文献和学位论文等。一次文献记录的信息内容具体、详尽，具有新颖性、创造性、系统性等特点，有直接参考、借鉴和使用的价值，是供人们学习参考的最基本文献类型。一次文献数量庞大，是信息检索和利用的主要对象，也是二、三次文献产生的基础。

（3）二次文献

二次文献，也称二手资料，是查找一次文献的工具，是指将大量分散的、无组织的一次文献进行收集、提炼、浓缩、加工、整理，并按照一定的科学方法组织编排、编辑出版的文献。它的形式包括目录、文摘、题录、索引等。二次文献具有汇集性、系统性、工具性等特点，有对一次文献进行报道和指引的作用。

（4）三次文献

三次文献，是指在大量利用一次文献和二次文献的基础上进行汇集、综合、分析而形成的文献，可分为综述研究类和参考工具类两种类型。前者包括综述、述评、进展报告等；后者包括年鉴、百科全书、手册、指南，以及书目之书目、文献指南等。三次文献具有综合性高、针对性强、系统性好、信息面广等特点，有较高的实际使用价值，能直接参考、借鉴和利用。

综上所述，从零次文献到一次、二次、三次文献，是一个从分散到集中，从无序到有序，对信息进行不同层次加工的过程。零次文献是一次文献的素材，一次文献是二次、三次文献的来源和基础，二次、三次文献是对一次文献进行整理、组织、加工、综合而形成的。

3. 按文献信息资源的出版发行形式和内容划分

（1）印刷型文献信息资源

按出版形式和内容的不同，可将文献信息资源划分为图书、期刊、科技报告、会议文献、学位论文、政府出版物、专利文献、标准文献、科技档案和产品资料等。

①图书。图书是一种传统的、成熟定型的出版物，如专著、丛书、教科书、论文集、工具书等。每种图书都有一个主题，反映的知识内容力求完整、系统和成熟，是编著者长期研究的成果和学识的积累，是传播知识、培养人才的主要读物。若要对某学科或某专题获得较全面、系统的知识，或对不熟悉的问题要获得基本的了解时，选择图书是行之有效的方法。图书的特点是：全面、系统，理论性强，技术成熟可靠，但是出版周期长，反映的知识内容相对滞后，一些新理论、新观点、新技术、新方法等不能及时反映。例如，《消防燃烧学》等。

②期刊。期刊也称杂志，是指那些定期或不定期连续出版，有连续序号，每期有固定的名称和统一版式，发表不同作者编撰的文章，由专门的编辑机构编辑出版的一种连续出版物。期刊能及时反映学科新观点、科研新成果、社会新动态，是科研人员了解科研动态、前沿信息和进展情况的首选文献。期刊的特点是：连续性强、品种繁多、内容丰富、发行量大、流通面广、出版周期短、时效性强；但报道文献分散，某一专题或某一学科的学术论文分散刊载在不同的学科期刊上，不利于利用。例如，《火灾科学》等。

③科技报告。科技报告，又称研究报告或技术报告，是对科学、技术研究结果的报告或研究进展的记录。科技报告的特点是：时滞短，失效快，出版迅速，出版周期不定，篇幅长短不等，内容

具体、详尽，有成功和失败两方面的记录。科技报告一般是非正式出版的且发行有密级范围，所以检索和获取都比较困难。

④会议文献。会议文献，是指在各种专业学术会议上交流或发表的论文、报告及其他有关资料。会议文献可以充分反映出一门学科、一个专业的研究水平和最新成果，许多重大发现往往在学术会议上公之于众，具有学术性强、内容新颖、质量高等特点，它是了解世界各国科技发展水平和动向的重要信息源。

⑤学位论文。学位论文是高等院校和研究机构的学生为取得专业资格的学位，在导师指导下撰写的学术性研究论文，包括学士论文、硕士论文、博士论文3种。博士、硕士论文探讨的问题比较专深，具有较高的参考价值，是较重要的文献信息源。

⑥政府出版物。政府出版物是各国政府部门及其所属机构发表、出版的文献。其内容可分为行政性文件和科技文献。前者包括国会记录、方针、政策、决议、立法司法资料、规章制度及调查统计资料等。后者包括科技研究报告、科普资料及科技成果的公布等，政府出版物的密级一般为保密、解密、公开3类。政府出版物内容可靠，具有正式性和权威性，对于了解某一国家的科学技术、科技成果、经济状况及政策，具有一定的参考价值。

⑦专利文献。专利文献是专利制度下的产物。广义的专利文献包括专利说明书、专利公报、专利分类表、专利检索工具，以及与专利有关的法律文件及诉讼资料等。狭义的专利文献主要指专利说明书。专利文献涉及的技术内容广泛，从日常生活用品到高科技领域，以及与之有关的生产制造工艺、设备材料等。专利文献占世界书刊出版物总量的1/4，其内容新颖、实用、可靠。专利文献反映的是最新的科技成果，反映出各国科学技术已达到的水准，有助于人们预测科学技术发展的趋势。因此，专利文献是一种可靠的、重要的信息源。

⑧标准文献。标准文献是按规定程序制定、经公认权威机构批准的、在特定活动领域内必须执行的、一整套的规则、规定、技术

要求等规范性文献，是技术标准、技术规格和技术规则等文献的总称。标准文献是集体劳动的结晶，一种规章化的技术文件，具有一定法律约束力，具有新陈代谢快、针对性强、可检索性等特点。标准文献可促进产品规格化、系列化和通用化，对提高生产水平、产品质量，推广应用研究成果和促进科技发展等，起到积极的作用。

⑨科技档案。科技档案是研究部门和生产单位在科学研究、生产实践中所形成的有具体项目对象的技术文件的总称。科技档案包括任务书、协议书、审批文件、研制计划、方案、技术调查材料、技术措施、试验项目、试验方案、试验数据、设计图纸、生产工艺记录等。科技档案记录内容真实、准确、可靠，它反映了生产和科技活动的全过程，以及最后结果。科技档案是生产科研中能借以积累经验、吸取教训和提高质量的重要参考文献。

⑩产品资料。产品资料是对已经投入生产的产品作介绍的资料。产品资料包括产品样本、产品目录、产品说明书、厂商介绍、技术座谈资料等。产品资料是对定型产品的性能、构造、原理、用途、使用方法及操作规程、产品规格等所作的具体说明。其数据可靠，技术成熟，有详细的外观照片和结构图。产品资料图文并茂，形象直观，出版发行（多数由厂商赠送）迅速，更新较快。查问和分析国内外有关产品资料，有助于了解国内外产品水平、工艺水平、技术水平及其有关技术的演变过程和发展动向，可获得设计、制造、使用中必要的数据和方法，也可以判断某种产品的使用价值，为单位引进设备提供信息。

（2）电子型文献信息资源

电子型文献信息资源是以电子数据的形式，把文字、图像、图形、声音等多种形式的信息存放在光性物质和磁性物质上，以光信号、电信号的形式传输，并通过计算机和其他外部设备再现出来的一种新型信息资源。从信息检索的角度，电子信息资源主要是指通过计算机等设备以数字信号传递的数字信息资源。电子信息资源按不同的划分标准，可以分为以下几类：

按信息的载体和通信方式划分：

①联机信息资源。联机信息资源是由计算机联机服务系统提供的信息资源。世界上著名的联机信息服务系统有美国的 Dialog、德国的 STN、欧共体的 ESA 系统等，都为世界各国的联机用户提供了丰富的电子资源。用户使用检索系统终端，通过通信设施（如通信网、调制解调器、通信控制器等），直接与中央计算机相连，检索远程数据库中的信息资源。检索是以人机对话的方式进行的，可随机或脱机浏览、传递所得到的信息。联机信息资源的特点是：实时、快速、信息追溯年代长、查准率高，但检索费用较昂贵，许多用户无法使用。

②光盘信息资源。光盘信息资源，是指以光盘为信息存储介质的一种信息资源，主要包括各种信息数据库。它有单机版，可以进行单机检索；也有网络版，可以进行网上检索。光盘信息资源具备联机信息资源的许多优点，如检索速度快，采用人机交互方式等，更主要的是检索费用低。缺点是数据更新周期较长，一般为 3 个月，不能做到日更新。

③互联网（Internet）网络信息资源。Internet 是通过标准通信方式（TCP/IP）将世界各地的计算机和计算机网络互联而构成的一个结构松散、交互式的巨型网络。Internet 就是世界上最大的信息资源库，其中大部分资源是免费的，与联机信息资源和光盘信息资源相比，具有信息资源丰富、价格低廉、信息更新速度快、随时都在刷新的特点。Internet 是用户获取信息的重要信息资源，但信息的准确性、可靠性有待鉴别。

第二节 信息检索基础知识

一、信息检索概述

(一) 信息检索定义

信息检索的概念有广义和狭义之分。广义的信息检索，是指将信息按照一定的规则和方式组织与存储起来，并根据信息用户的特定需求查找到所需信息的过程。它包括信息的存储和检索两个过程，全称又叫信息存储与检索。狭义的信息检索，是指从信息集合体（书本式工具书或数据库）中查找所需信息的过程，即人们通常所说的信息查找。这里主要介绍狭义的信息检索。

(二) 信息检索的类型

1. 根据检索（查找）的目的和对象划分，信息检索通常分为文献信息检索、数据信息检索和事实信息检索

(1) 文献信息检索

文献信息检索是以文献的题名、作者、摘要、主题词、关键词、相关项目、来源出处、收藏处所等为检索目的和对象的信息检索，即利用存储文献的检索书刊或文献数据库，查找用户所需的特定文献信息的过程。凡是查找某一主题、著者、某一机构等的文献，以及回答文献的出处和收藏地等问题，都属于文献信息检索的范畴。例如，系统查找有关"高层建筑防火"方面的文献，即属于文献信息检索。文献信息检索是一种相关性检索，检索结果不直接回答用户提出的技术问题，只提供与之相关的文献或文献线索（包括题录、文摘、段落、章节或全文等），供用户参考。

文献信息检索是信息检索中最重要的、使用最多的一种，是信息检索的核心部分。完成文献信息检索主要借助于通常的检索书刊或各种书目型数据库和全文数据库等。而全文数据库检索是文献信息检索的发展方向之一。

（2）数据信息检索

数据信息检索是以数值或图标形式表示的数据为检索目的和对象的检索，又称"数值检索"，即检索系统中存储的是大量的数据，包括科学技术的各种参数、统计数据等数字型数据信息，也包括图标、图谱等非数字型数据信息。数据信息检索是一种确定性检索，用户检索到结果是用户所需要的各种具体数据，而且这些数据是经过专家测试、评价、筛选过的，可以直接用于进行定量分析。例如，查找"2010年我国发生火灾的次数和损失数字"（《中国火灾统计年鉴》）。完成数据检索主要借助于年鉴、图录、图谱等参考工具书或各种数值型数据库。

（3）事实信息检索

事实信息检索是以从文献中抽取的事项为检索目的和对象的信息检索，又称"事项检索"。其检索内容包括事实、概念、性质、原理等信息。查找某一事物的性质，某一概念的定义，某一理论的原理，某一事件发生的时间、地点、过程等均为事实信息检索。例如，查找"什么是消防工程学"、"阻燃与灭火机理"等信息，均属于消防事实信息检索。事实信息检索也是一种确定性检索，用户获得的检索结果是具体的事实情况，是某一问题的具体答案。完成事实信息检索主要借助于各种字词典、百科全书等参考工具书。

2. 根据检索（查找）手段、方式来划分，信息检索可分为手工检索和计算机检索

（1）手工检索

手工检索是通过人工方式直接查找和处理所需信息。手工检索主要是利用各种印刷型的检索工具来实现的。例如，印刷型的目录、题录、文摘等，也可以直接浏览学术期刊或专著等一次文献或三次文献。它具有方便、灵活、判别准确，可随时根据需求修改检索策略，查准率高等特点。缺点是检索速度慢，查全率受信息资源储备数量的限制，漏检严重。

（2）计算机检索

计算机检索是利用计算机和一定的通信设备来处理、查找所需信息，即利用计算机对磁带、光盘或光盘数据库及各类型网络数据库来查找所需信息。与手工检索相比，它具有检索速度快、查全率高、不受时空限制、检索结果输出方式多样、便于对检索结果进行编辑处理和保存等特点。其查准率与数据库质量直接相关。

超文本检索、多媒体检索、超媒体检索是随着计算机从处理数字信息、字符信息，发展到能够处理静、动态图像（形）信息乃至声音信息等信息检索技术不断进步而发展起来的新型信息检索技术。超文本检索是以超文本信息资源为检索对象，使用户检索到的信息更加宽泛；多媒体检索是以文字、图像、声音等多媒体信息为检索内容的一种信息检索；超媒体检索是以超文本检索和多媒体检索两种技术结合起来的信息检索，是对超文本检索的补充。此三种新型检索实质属于计算机检索的范畴。

二、信息检索语言

（一）信息检索语言的概念

信息检索语言，又称标引语言、索引语言、概念标识系统等，是信息检索系统存储和检索信息时共同使用的一种约定性语言，用以达到信息存储和检索的一致性，提高检索效率，即在文献存储时，文献的内容特征（如分类、主题）和外表特征（如书名、著者、出版项）按照约定的语言来描述；检索文献时的提问也按照约定的语言来加以表达，这种在文献存储和检索过程中，共同使用、共同遵守的语言就是信息检索语言。

（二）信息检索语言的作用

信息检索包括信息的存储和检索两个方面。无论是信息的存储，还是信息的检索，都必须使用信息检索语言进行标引与表达，信息检索语言实际上是编制检索工具的方法和标准，如果检索者不遵循这一共同的标准，就不能快速、准确、全面地查找所需要的文献信息，达不到预期的效果。因此，信息检索语言在信息检索中起着重要的作用，主要有：

第一，保证不同标引人员表征文献信息的一致性。

第二，使内容相同及相关的文献集中化。

第三，保证检索提问与文献信息标引的一致性。

第四，保证检索者按不同需求检索文献信息时，都能获得最高的查全率和查准率。

（三）信息检索语言的类型

虽然检索语言的基本原理是一致的，在揭示概念及其相互关系时所采用的具体方法及适应性各有特色，从而形成了不同的信息检索语言种类。

1. 按规范化程度划分

（1）人工语言

人工语言又称规范语言，是人为对标引词、检索词加以控制和规范，每个检索词只能表达一个概念的检索语言。人工语言经过规范化控制，采用特定词汇来网罗、指示宽度适当的概念，词和事物之间具有一一对应的关系，排除了自然语言中同义词、多义词、同形异义词现象，用户在检索时避免了这些词在输入时的麻烦和出错，从而有效避免漏检和误检。分类语言、主题语言中标题词语言、叙词语言和单元词语言均属人工语言。

（2）自然语言

自然语言是直接从原始信息中抽取出的自由词作为标引词和检索词的检索语言。自然语言对主题概念中的同义词、多义词等不加处理，如关键词语言。由于自然语言使用自由词，因此不用编制词表、检索时选词灵活随意，标引和检索速度快，便于检索规范词难以表达的特定概念，但自然语言未经规范，检索时会影响检索效果。

2. 按组配方式划分

（1）先组式语言

先组式语言，是指在编制检索语言时，表述信息内容特征的标识已被预先固定组配好，标引和检索信息时均必须严格按照预先组配好的标识去标引、检索信息，而不能自由组配，如分类语言、标题词语言。先组式语言有较好的直接性和专指性，但灵活性较差。

（2）后组式语言

后组式语言，是指在编制检索语言时，表述信息内容的标识并未预先固定组配，即在编制词表时不规定各主题词的组配关系，在标引和检索时再根据检索者的具体需求将各个主题词进行组配，来表达较为复杂的主题概念，如叙词语言、关键词语言均属于这一类。由于后组式语言提供了灵活的组配方式，因而在计算机检索中得到广泛应用。

3. 按表述信息特征划分

（1）表述信息资源内容特征的检索语言

主要有分类语言、主题语言、分类主题一体化语言等。分类语言是用分类来表述主题概念，并按学科性质分门别类和系统排列成分类表，以此作为文献标引和检索的依据。分类语言包括体系分类法和组配分类法。主题语言是用语词来表达各种概念，并按语词的字顺组织排列起来的语言。主要包括标题词法、单元词法、叙词法和关键词法。分类主题一体化语言是由分类法与主题法有机结合而成的一种检索语言。

（2）表述信息资源外部特征的检索语言

主要指信息的题名、责任者、序号及引文等，它们较为简单明了，容易理解和使用。题名检索语言是以书名、刊名、篇名等为标识的检索语言，一般按照字顺排列（西文题名中的虚词不作索引），中文有按汉语拼音字母顺序或汉字的笔画笔形排列的。责任者检索语言是以作者、译者、编者等信息责任者的姓名或团体单位名称为标识的检索语言。一般也是按字顺排列。序号检索语言是以信息特有的顺序号作为标识的检索语言，如专利号、标准号、报告号等，各种号码索引一般按号码大小顺序排列。

在这两类信息检索语言中，描述外部特征的信息检索语言按字母或号码顺序排列，比较直观，容易理解。使用起来比较简单，误检和漏检的可能性少，容易掌握；而表达文献内容特征的信息检索语言的结构和作用比较复杂，它在揭示文献特征与表达信息提问方面，具有更大的深度。在用来标引与检索时，更需要依赖标引与检索人员的智力判断，更带有主观性，远比外表特征语言复杂。但它们是现代检索语言的主体和核心，是最重要的检索语言。下面重点介绍表达文献内容特征的分类检索语言和主题检索语言。

（四）分类检索语言与分类法

分类检索语言是用分类号和类目来表达各种主题概念的检索语言。它以学科体系为基础，将各种概念按学科性质、逻辑层次结构进行分类和系统排列。分类检索语言的具体表现形式是分类表。其特点是能集中体现学科的系统性，反映事物的平行、隶属、派生关系，有利于从学科或专业的角度进行族性检索，能达到较高的查全率。它的基本结构是按知识门类的逻辑次序，从点到面、从一般到具体、从低级到高级、从简单到复杂的层层划分，逐级展开的分门别类的层次制号码检索体系。

目前，国内外比较常用的分类法有《中国图书馆图书分类法》（简称《中图法》）、《中国科学院图书馆分类法》（简称《科图法》）、《中国人民大学图书馆图书分类法》（简称《人大法》）、《国际十进分类法》（UDC）、《杜威十进分类法》（DDC）、《美国国会图书馆图书分类法》（LCC）、《国际专利分类法》（IPC）、《中国标准文献分类法》（CCS）、《国际标准分类法》（ICS）等。这里只介绍有代表性的分类法。

1. 《中国图书馆图书分类法》（简称《中图法》）

《中图法》是目前我国最有影响的大型综合性图书分类法，被推荐为我国标准的图书资料分类法。《中图法》按知识门类分为5个基本部类，在此基础上，按照从总到分、从一般到具体的编排原则，由22个大类组成完整的学科体系，每一大类下又分成若干小类，如此层层划分，形如一个知识地图。

5 大基本部类为：A. 马列主义毛泽东思想邓小平理论；B. 哲学；C – K. 社会科学；N – X. 自然科学；Z. 综合性图书。

22 个基本大类为：

A：马克思主义、列宁主义、毛泽东思想、邓小平理论

B：哲学、宗教

C：社会科学总论

D：政治、法律

E：军事

F：经济

G：文化、科学、教育、体育

H：语言、文字

I：文学

J：艺术

K：历史、地理

N：自然科学总论

O：数理科学和化学

P：天文学、地球科学

Q：生物科学

R：医药、卫生

S：农业科学

T：工业技术

U：交通运输

V：航空、航天

X：环境科学、安全科学

Z：综合性图书

分类号采用汉语拼音字母与阿拉伯数字相结合的混合号码制，用一个拼音字母表示大类，其他各级类目用阿拉伯数字表示，每三位数字后用分隔符号"."以示醒目。其中"T 工业技术"的内容十分庞杂，为适应这一大类文献分类的需要，《中图法》设置了双

字母标记其所属的 16 个二级类目，即 TB 一般工业技术；TD 矿业工程；TE 石油、天然气工业；TF 冶金工业；TG 金属学、金属工艺；TH 机械、仪表；TJ 武器工业；TK 能源与动力工程；TL 原子能技术；TM 电工技术；TN 电子技术学、通信技术；TP 自动化技术、计算机；TQ 化学工业；TS 轻工业、手工业；TU 建筑科学；YV 水利工程。

消防科学作为一门新兴的交叉学科，它具有跨学科、跨行业的特点。其知识体系涉及数学、力学、物理学、化学、材料科学、动力与电气工程、安全科学技术、管理学、法学、军事学等学科领域。消防科学在《中图法》难以实现集中列类，也就是说没有专门的类目能够容纳消防科学的全部研究内容，它分散于众多学科门类当中。

《中图法》（五版）中，消防科学类图书资料相对集中在 TU998.1 类目，从属于"其他市政工程及公用设备"。类目设置非常简单，简介如下：

TU998.1 消防（参见 U469.6＋8、TQ569、D631.6）；TU998.12 失火性质、原因及预防；TU998.13 消防设备（配备和使用入此，制造入有关各类）；TU998.13＋1 消防车；TU998.13＋2 灭火装置；TU998.14 消防组织（消防站入此）；TU998.19 消防史（包括世界各国的大火记录）。

在查找消防图书资料时，单靠此分类，很难查全，需要在其他类目中查找。首先消防管理方面信息，主要分布在 D 政治法律类相关类目。消防管理理论在"国家行政管理"类目下的"公安学"下设类目中，即 D035 国家行政管理；D035.3 公安学；D035.36 消防管理（消防技术、设备入 TU998.1）。

世界各个国家的消防管理方面信息要到世界政治当中查找，即 D5 世界政治；D523 行政管理；D523.3 公安（世界消防行政管理入此类）。

中国消防管理工作类目设置：

其一，D631 公安工作；D631.6 消防工作；各省的消防管理工作则在 D67 地方政治，复分表中的 35 包含各省消防管理。

其二，有关消防法律方面的信息，世界性的在 D912.14；我国的消防法律在 D922.14。

其三，论述消防部队的类目为 E157 武警部队（公安部队：消防、边防、警卫部队）；中国的是 E277 武警部队（公安部队：消防、边防、警卫部队入此）。

其四，有关消防技术方面。主要分布于自然科学部类的各个大类，尤以工程技术、交通运输、环境等类目较多。下面列举与消防科学技术相关的部分类目：

O643.2＋1 燃烧（燃烧理论入此。参见 TQ038、TF051）；S762.3 森林防火；TD75 矿山防火；TJ532 防火器材、防火衣；TJ533 灭火器材；TK16 燃料与燃烧（专论燃烧理论的是 O643.2）；TQ038 燃烧过程；TQ038.1 燃料与燃烧（总论燃料与燃烧的入此）；TQ038.2 固体燃烧过程；TQ038.3 液体燃烧过程；TQ038.4 气体燃烧过程；TQ038.7 燃烧生成物（灰、残渣、烟、烟炱等及其利用）；TQ086.1（化工厂）工厂的安全设施（消防、防水、防风、防震、防静电、防爆等）；TQ175 耐火材料工业；TQ517 燃料的种类及性质（专门论述燃料的种类及性质）；TQ569 灭火器与灭火用剂的生产（灭火剂入此）；TU54 耐高温材料（耐火材料）、防火材料；TU821.6 特殊上水道（消防水管入此）；TU892 防火设备（消防设备入此，房屋消防设备的配置和安装）；TU96＋7 安全设备（地下建筑防火设备）；TU976＋.5 消防设备（专论高层建筑消防设备）；TU976＋54 非常设备（消防电梯）；U231.96（特种铁路）防火、防灾（地铁等）；U298.4（铁路）防火安全；U469.6＋8 消防车；U492.8＋3（公路运输）防火、防盗安全；U698.4（水路运输）防火安全；V271.3＋8 灭火飞机；X928.7 火灾与爆炸事故；X932 爆炸安全与防火、防爆。

2. 《国际专利分类法》（International Patent Classification，简称 IPC）

IPC 是一部国际统一标准的管理和使用专利文献的分类法，它采用功能和应用相结合的分类原则，兼顾了各个国家对专利分类的要求，按发明的技术主题设置类目，为统一专利的技术内容以及专利信息的分类、检索和利用提供了极大的方便，已成为世界各国分类和检索专利信息的重要工具。目前，世界上已有 50 多个国家及两个国际组织采用 IPC 对专利信息进行分类，我国于 1985 年也采用此分类法。

IPC 是按照技术内容来设立类目的。分类表采用等级结构，逐级分类，形成完整的五级分类体系：部、大类、小类、主组、分组。分类系统包括与发明专利有关的全部技术领域，共 9 个分册，前面的 A、B、C、D、E、F、G、H 8 个分册分别对应 IPC 的 8 个部，第 9 分册为《使用指南》。《使用指南》是《国际专利分类法》的大类、小类和大组的索引。此外，它对《国际专利分类表》的编排、分类法和分类原则都作了解释和说明，可以帮助使用者正确使用国际专利分类表。

IPC 部与分部的内容如下：

A 部：人类生活必需　　　分部：农业；食品与烟草；个人或家用物品；保健和娱乐

B 部：作业；运输　　　　分部：分离与混合；成型；印刷；交通运输

C 部：化学；冶金　　　　分部：化学；冶金

D 部：纺织；造纸　　　　分部：纺织；造纸

E 部：固定建筑物　　　　分部：建筑；采掘

F 部：机械工程；照明；采暖；武器、爆破　分部：发动机或泵；一般工程；照明与加热；武器与爆破

G 部：物理　　　　　　　分部：仪器；核子学

H 部：电学

IPC 的分类号采用英文大写字母和阿拉伯数字混排的形式，由部类号、大类号、小类号、主组号、分组号 5 个等级组成。一个完整的 IPC 分类号形式为：部（1 个大写字母）大类（2 位数字）小类（1 个大写字母）主组（1~3 位数字）/分组（2~5 位数字）。

IPC 关键词索引是 IPC 的辅助性工具，它可以指导用户利用表达主题事物的关键词找出所需的 IPC 号。它不是一个独立的分类工具，必须与 IPC 分类表结合使用，才能确定准确的分类号。

3.《中国标准文献分类法》

我国的标准分类 1989 年前是依据各级标准的代号和顺序编号进行的。1989 年中国标准出版社出版发行了《中国标准文献分类法》，成为我国第一部标准文献的专用分类法，是目前国内用于标准文献管理的一部工具书。其分类体系以专业划分为主，适当结合科学分类。适用于分类各级标准，序列采取从总到分、从一般到具体的逻辑系统。该分类法由 24 大类组成：

A：综合　　　　　　　　　　N：仪器、仪表

B：农业、林业　　　　　　　P：工程建设

C：医药、卫生、劳动保护　　Q：建材

D：矿业　　　　　　　　　　R：公路与水路运输

E：石油　　　　　　　　　　S：铁路

F：能源、核技术　　　　　　T：车辆

G：化工　　　　　　　　　　U：船舶

H：冶金　　　　　　　　　　V：航空、航天

J：机械　　　　　　　　　　W：纺织

K：电工　　　　　　　　　　X：食品

L：电子元器件与信息技术　　Y：轻工、文化与生活用品

M：通信、广播　　　　　　　Z：环境保护

以上 24 大类是一级类目，二级类目采用双位数，用阿拉伯数字表示，每一个一级类目含有 100 个二级类目。消防科学是一门新兴交叉学科，24 大类中都可能存在消防标准文献。例如，消防车

标准，可以到"T：车辆"中进行检索。

4.《国际标准分类法》（International Classification for Standards，简称 ICS）

ICS 是由国际标准化组织编制的标准文献分类法。它主要用于国际标准、区域标准和国家标准以及相关标准化文献的分类、编目、订购与建库，从而促进国际标准、区域标准、国家标准以及其他标准文献在世界范围的传播。ICS 是一个等级分类法，包含三个级别。第一级包含 40 个标准化专业领域，各个专业又细分为 407 个组（二级类），407 个二级类中的 134 个又被进一步细分为 896 个分组（三级类）。国际标准分类法采用数字编号。第一级和第三级采用双位数，第二级采用三位数表示，各级分类号之间以实圆点相隔。ICS 一些二级和三级类名下设有范畴注释和/或指引注释。一般来说，范畴注释列出某特定二级类和三级类所覆盖的主题或给出其定义；指引注释指出某一特定二级类或三级类的主题与其他类目的相关性。

（五）主题检索语言

主题检索语言又称主题法，是直接利用表达信息主题概念的词汇来标识和检索信息的一种检索语言，即指以自然语言的字符为字符，以规范化或未经规范化的名词术语为基本词汇，以概念之间的形式逻辑作为语法和构词法，用一组词语作为文献检索标识而构成的一种检索语言。与分类检索语言相比，具有专指度高、直观性好、灵活性强等特点，并且适用于信息的计算机管理与检索，因而是一种很重要的、广泛使用的信息检索语言。主题检索语言按主题词性质不同，分为标题词语言、叙词语言、关键词语言和单元词语言。

1. 标题词语言与标题词表

（1）标题词语言

标题词语言是一种规范化的检索语言，标题词是从自然语言中选取的、经过规范化处理的、表示事物概念的词、词组或短语。标题词语言是主题检索语言系统中最早的一种类型，标题词按字顺排列，词间语义关系用参照系统显示，并以标题词表的形式体现。其特点是有较好的通用性、直接性和专指性，按照词表列举的主标题和副标题进行标引，操作简便，但灵活性较差，使用时必须从规定的组配顺序入手进行查找，无法实现多元检索，影响检索效果。适宜于从事物的主题概念出发而进行的检索。

（2）标题词表

标题词表是将标题词按字母顺序排列的词表。标题词表中主、副标题词已事先固定组配标引，并具有固定的含义，只能选用标题词表中已"定型"的标题词作标引词和检索词，否则不能确切地表达文献的主题概念，因此，它所反映的主题概念必然受到限制，尤其是当今社会科学技术发展迅速，现代科技主题的内涵与外延越来越复杂，不可能用一对主、副标题词完全、确切地表达出来，就需补充其他的主、副标题词，其结果不仅增加了标引和检索的工作量，而且还降低了标引和检索的准确性，直接影响检索系统存储、检索的质量和效率。因此，标题词语言已不适应现代信息检索系统的发展，著名的标题词语言——《工程主题词表》（SHE）1993年已被《工程索引叙词表》（EI Thesaurus）取代。

2. 叙词语言与叙词表

（1）叙词语言

叙词语言是以自然语言为基础，以概念组配为基本原理，并经过规范化处理，表达主题的最小概念单元，作为信息存储和检索依据的一种检索语言。叙词语言也是目前使用最广泛的主题语言之一。它用叙词表达主题概念，检索时可由多个叙词组成任意合乎逻辑的组配，形成多种检索方式。

叙词语言吸取了多种检索语言的原理和方法，包括：它保留了单元词法组配的基本原则；采用了组配分类法的概念组配，以及适当采用标题词语言的预先组配方法；采用了标题词语言对语词进行严格规范化的方法，以保证词与概念的一一对应；采用并进一步完善了标题词语言的参照系统；采用了体系分类法的基本原理编制叙词分类索引和等级索引；采用叙词轮排索引，从多方面显示叙词的相关关系。因此，叙词语言在直观性、单义性、专指性、组配性、多维检索性、网络性、语义关联性、手检与机检的兼容性、符合现代科技发展的适应性等方面，都较其他检索语言更加完善和优越，是目前应用较广的一种检索语言。例如，EI、CA 等著名检索工具均采用了叙词法进行编排。

（2）叙词表

叙词语言吸取了多种信息检索语言的原理和方法，作为标引和检索人员之间的共同语言，是通过叙词表来实现的。叙词表通常由一个主表和若干个附表（索引）构成。主表是叙词表的主体，可以独立存在，主表又称叙词字顺表，是叙词表的核心部分，它收录全部叙词与非叙词，按叙词的字顺排列，并标注显示词间关系的参照系统。附表是为便于使用主表而编制的各种辅助索引，一般由叙词分类索引和叙词等级索引组成。

3. 关键词语言

关键词语言是直接从原文的标题、摘要或全文中抽选出来的，具有实质意义的，未经规范化处理的自然语言语汇，作为信息存储和检索依据的一种检索语言。所谓关键词就是将文献原来所用的，能描述其主题概念的那些具有关键性的词抽出，不加规范或只作极少量的规范化处理，按字顺排列，以提供检索途径的方法。它与标题词语言、叙词语言同属主题语言系统。但是，标题词语言、叙词语言使用的都是经规范化的自然语言，而关键词语言基本上不作规范化处理。例如，《消防中介机构监督管理问题研究》一文中，"消防"、"中介机构"和"监督管理"这三个词描述了这篇文献的主题，因此它们就可以作为检索词。

由于关键词是用非规范化的自然语言——关键词——来表达文献或信息资源主题内容，不需要编制专门的关键词表也能标引和检索文献，因此，关键词语言已被广泛地应用于手工检索和计算机检索。

4. 单元词语言

单元词，是指从文献中抽取出来的，能表达文献主题的最基本的、不能再分的、具有独立概念的名词或术语，又称元词。单元词语言是一种规范化的检索语言，具有相对的独立性，词与词之间没有隶属关系和固定组合关系，检索时根据需要进行组配。例如，对于"建筑防火"这一概念，"建筑"和"防火"都是单元词，因为它们不能再分。而"建筑防火"则不是单元词。由于科学技术的迅猛发展，表达事物的概念，除了单一概念外，还需有许许多多的复合概念，而单元词的专指度较低，词间无语义关系，对查准率有较大的影响，现已逐渐被叙词语言所取代。

(六) 分类主题一体化检索语言

分类主题一体化检索语言是由分类语言与主题语言有机结合而形成的一种检索语言。它在一个检索语言系统中包括分类表和叙词表两个主要部分，并对两个部分的术语、标识、参照、索引等实行统一控制，分类系统与主题系统互相兼容，融为一体，既能充分发挥各自独特的功能，满足分类或主题标引和检索的需要，又能相互对照，实现分类语言与主题语言的标识互换。例如，《中国分类主题词表》是在《中国图书分类法》（含《资料法》）和《汉语主题词表》的基础上编制的我国第一部分类检索语言和主题检索语言相互兼容的一体化词表，由编制和使用说明、《分类号—主题词对应表》、《主题词—分类号对应表》三部分组成。可以实现对文献进行分类标引和通过分类的途径查找主题词，而对文献进行主题标引，也可以实现对文献进行主题标引和通过主题查找相关的分类号，作为分类标引的辅助手段。使用《中国分类主题词表》不仅可以使分类标引、主题标引在经过同一主题分析、采用同一标引工具的过程中一次完成，而且能够降低标引的难度，提高标引的一致性，提高标引质量。在检索中，由于分类号与主题词之间建立了对应关系，有利于分类号与主题词之间的互换，从而实现分类检索与主题检索的有效互补，提高检索效率。

三、信息检索方法

（一）常规法

常规法，也称工具法，是指利用检索工具，从主题、分类、书名或篇名、著者等途径查找文献的方法。它又分为以下 3 种方法。

1. 顺查法

顺查法，是指根据课题所涉及的学科范围，从有关问题提出的起始年代入手，由远而近，逐年查找，直到查找的信息资料充足够用为止的方法。此方法能查找到相当长时间内发表的全部相关信息资料，所查到的信息资料比较全面，查全率较高，适用于课题的查新。其不足是工作量大，费时费力。

2. 倒查法

倒查法，也称逆查法，是指根据课题的时间范围，由近及远查找文献信息，直到查找文献信息基本满足课题需要为止的方法。此法重点查找近期的信息资料，适用于一些新课题、新观点、新理论或老课题的新进展、新动态等信息资料的检索。其特点是检索效率高、省时，但查全率不如顺查法。

3. 抽查法

抽查法，是指针对课题所属学科发展变化的特点及特定的发展阶段，查找特定时间范围内信息资料的一种方法。其特点是省时、省力，检索效率较高。但检索者必须十分了解所查学科的特点及发展史，否则会造成严重漏检。

（二）追溯法

追溯法也称引文法，是一种跟踪查找文献的方法。它通过文献后面所附的参考文献和有关论著的引文注释的指引，追查到那些参考文献的原文。若有必要，还可根据那些已追查到的原文后面的参考文献再继续跟踪检索下去，如此一环扣一环追查下去，直到获得相当数量的相关文献为止。用这种方法检索到的文献系统性较强，内容比较集中。此法在检索工具缺乏或检索工具不齐全的情况下不失为一种有效的检索方法。但使用此法时应注意原文引用的参考文献并不一定符合检索课题需要，有的参考价值不大，需要认真地、有选择地追溯，以免误检；由于原文引用的参考文献是有限的，因此漏检可能性较大，查全率低，而且较费时，检索效率不高。

（三）循环法

循环法是将常规法、追溯法两者结合起来，交替使用的检索方法，也称综合法、交替法。即先利用检索工具查找出一批有用的原始文献，然后利用这些原始文献后附的引文注释或参考文献进行追溯查找，这样交替循环地进行，可获得更多的相关文献，直到满足检索需要为止。此法充分发挥了常规法、追溯法两者的优势，是较好的一种检索方法。

（四）浏览法

浏览法，是指直接在一次文献中查找所需的文献信息，又称直接检索法。它带有很大的盲目性，一般只作为上述各种检索方法的补充，主要用于查找新近发表的文献信息。例如，直接在最新出版的专业核心期刊中查找，可获得最新发表在核心期刊上的有关文献信息。

四、信息检索工具

（一）信息检索工具的定义

信息检索工具，是指人们用来报道、存储和查找信息线索的工具。它实际上是检索标识的集合体，它的基本职能一方面是揭示信息及其线索，另一方面提供一定的检索手段，使人们可以按照它的规则，从中检索出所需信息的线索。它包括传统的印刷型检索书刊和参考工具书、计算机和网络联机检索系统、光盘检索系统和搜索引擎等各种检索工具。

（二）信息检索工具的特征

检索工具除具有存储和检索的职能外，还必须具备以下基本特征：

①详细而又完整地记录了文献的外部特征和内部特征。

②对所著录的文献，标引了可供检索的检索标识。

③提供必要的检索手段，配备各种体系的索引。

④全部检索标识必须科学地、系统地排列，组成一个有机的整体。

（三）信息检索工具的类型

1. 按处理信息的手段划分

按处理信息的手段划分，可分为手工检索工具和计算机检索工具两种。手工检索工具，是指用手工方式来处理和查找文献信息的一切工具，如卡片、目录等；计算机检索工具，是指借助于计算机等技术手段进行信息检索的工具，如计算机检索系统、国际联机检索系统、光盘检索系统和搜索引擎等。

2. 按检索的学科内容划分

信息检索工具中信息的学科内容有综合性、专业性之分。综合性检索工具一般具有较长的历史，往往提供多种检索途径，检索功能较强；专业性检索工具比较简单，但内容的标引比综合性检索工具详细，对本学科的信息收录比综合性工具更全。

3. 按信息著录的内容划分

（1）目录型检索工具

目录型检索工具是对文献的外表特征的揭示和报道，是有序的文献清单。通常以一个出版单位或收藏单位为基本著录单位，即以“本”、“种”、“件”为报道单位，它对文献的描述比较简单，只记录文献的外表特征，不涉及文献的具体内容。每个条目的著录包括书（刊）名、作者、出版年月、出版地及收藏情况等。目录主要用于报道、登记出版物的出版发行情况或揭示其收藏情况，供人们选购、查阅和获取文献时使用。对于文献信息检索者而言，国家书目、馆藏目录、联合目录等是非常重要目录型检索工具。例如，《全国新书目》、《中国国家书目》、《累积图书索引》（CBI）（世界英语图书目录）等。

（2）题录型检索工具

题录型检索工具是将图书、期刊、专利等文献中论文的篇名按照一定的排检方法编排而成的，即以单篇文献的"篇"为著录单位，也只对文献的外表特征进行描述。题录的著录项通常包括：篇名、著者（或含其所在单位）和文献出处（包括期刊名称、出版年、卷、期、起止页码）、主题词、分类号、语种等，无内容摘要，题录报道信息的深度比目录大，题录报道周期较短，收录范围广，是用来查找最新文献线索的重要工具。

（3）文摘型检索工具

文摘型检索工具是通过描述文献的外部特征和简明扼要地摘录文献内容要点来报道文献的一种检索工具，是二次文献的核心。它是在题录的基础上加上文摘（即摘要），并按一定的著录规则与排列方式编排起来，供读者查阅使用的检索工具类型。文摘是以精练的语言把文献的重要内容、学术观点、数据及结构准确地摘录下来，它的主要作用是可以帮助读者迅速、准确地鉴别文献内容，决定取舍，免去查找原文的时间和精力，提供快速而准确的阅读和检索。文摘一般可分为指示性文摘、报道性文摘和评论性文摘。

①指示性文摘，又称描述性文摘，是原文的简介。主要揭示文献研究的主要问题，以及文献涉及的范围、目的等，不涉及具体的技术问题，一般在100字左右，有的仅几十个字。从而为判断是否需要阅读原始文献提供依据。由于此种文摘简明扼要、概括性强，一般又称简介性文摘，如我国出版的《电工文摘》。

②报道性文摘，又称叙述性文摘，是原文内容的缩写，一般在200～300字，主要报道原文的主题范围、基本观点以及结论等。报道性文摘基本上能反映原文的内容，读者即使不读原文，也可知其详细的情况，而且它反映的内容具体、客观，不带有任何评价，如美国的《化学文摘》等。

③评论性文摘，是指在上述款目内容的基础上，又增加了文摘

编写者的分析与见解。评论性文摘的质量和价值，取决于文摘编写者的水平。

著名的文摘有《科学文摘》（SA）、《化学文摘》（CA）、《工程索引》（EI）等，是查找消防信息的重要检索工具。

4. 索引型检索工具

索引型检索工具一般是附在专著或年鉴、百科全书等工具书之后，以及收录内容较多的二次文献之后，将书刊内容中所论及的篇名、人名、主题等项目，按照一定的排检方法加以编制，注明出处，供读者查检使用的检索工具。索引是对文献内容的较深入揭示。索引与目录的根本区别就在于著录的对象不同，目录所著录的是一个完整的出版单位，如一种图书、一种期刊等，而索引所著录的则是完整的出版物的某一部分、某一观点、某一知识单元，因此，索引能解决目录只对文献作整体的宏观著录的不足，满足读者对文献内容单元的微观揭示和检索的要求，提高文献检索的深度和检索效率。索引的类型繁多，常用的索引类型有：分类索引、主题索引、关键词索引、著者索引和其他索引。例如，《全国报刊索引》、《科学引文索引》等。

（四）参考工具书及选介

参考工具书是汇集某门类学科全面系统的知识资料，按特定方式编排，能使读者便捷、准确地翻检查阅、解释疑难的专门性图书，是以数据、事实信息为检索目的的检索工具。它主要向读者提供可以参考的知识内容，如数据、史实、观点、结论、定义、公式、分子式、人物简介等。参考工具书一般包含了丰富、系统、全面而又高度浓缩的知识，具有知识准确权威、系统全面完备、内容简练概括、编排简明易用等特点。这类工具书种类较多，涉及面甚广，主要有字典、词（辞）典、百科全书、年鉴、手册、类书、政书、名录、汇编、图谱、地方志等类型。

1. 字典、词（辞）典

字典、词（辞）典是解释字词并按照一定方式编排的工具书。

是人们常用的工具书。目前消防专业类辞典主要有：

①《英汉消防词典》，上海消防科学研究所情报资料室编，1984 年由群众出版社出版；

②《英汉汉英消防词典》，范强强主编，2000 年由上海科学技术出版社出版；

③《中国消防辞典》，宋辉主编，1992 年由辽宁人民出版社出版；

④《中国火灾大典》（上、中、下），李采芹主编，1997 年由上海科学技术保护出版社出版。

一些综合类辞典中也包含消防词汇方面内容，如《汉语大字典》、《辞海》、《现代科学技术词典》、《牛津英语大词典》等，《辞源》是查阅古籍词汇的大型工具书。

2. 百科全书

百科全书是汇集各种或某种知识，按照辞典的形式分列条目，加以言简意赅的说明的工具书，具有查考和教育双重作用。百科全书具有内容丰富、系统完整、权威性、检索性和完备性等特点。著名的有：《中国大百科全书》（目前已有光盘版、网络版）、《新不列颠百科全书》、《美国百科全书》等，可以查考消防科学方面比较权威的解释。

3. 年鉴及统计资料

年鉴是汇聚过去一年内的重要实事文献和统计资料，按年度连续出版的工具书。年鉴一般按分类编排，它具有时限性、资料性、可靠性和连续性等特点，为我们掌握某学科领域一年内的新成果和发展趋势提供一个重要途径。年鉴按内容可以分为综合性年鉴，如《中国年鉴》、《联合国统计年鉴》等；专业性年鉴，如《中国消防年鉴》、《中国工业年鉴》等；地域性年鉴，如《上海市年鉴》、《广东年鉴》等。大多数综合性年鉴内容比较庞杂，编排缺乏严格的逻辑次序，查找时用好各年鉴的索引，有助于快速查找到所需资料。

查阅消防信息最常用的年鉴有：

①《中国消防年鉴》，由公安部消防局编辑，中国人事出版社出版（2010年、2011年由国际出版公司出版）。其在2004年以前的名称为《中国火灾统计年鉴》，是从1994年开始编辑出版的。

②《中国消防产品年鉴》，2002年开始出版发行，中国公共安全杂志社主编，主要介绍我国消防产品生产厂家情况及生产经营各种消防产品（目前中国知网有网络版）。

③《全国火灾年报》，公安部消防局编，按年度出版。

4. 手册

手册又称指南、要览、全书等，它是把某一主题或学科常需要参考的文献、专业知识等汇集在一起，以供人们随时查阅的工具书。手册一般具有叙述精练、信息密集、资料具体和实用性强的特点，它为人们经常碰到的急需解决的问题提供有关的基本知识和资料。常用消防科学方面的手册主要有：

①《中国消防手册》，郭铁男总主编，自2006年开始由上海科学技术出版社分卷出版，到2010年共出版15卷。

②《实用消防手册》，贺占奎主编，1992年由中国建筑工业出版社出版。

③《中国消防全书》，阮文贵主编，1993年由吉林人民出版社出版，共4卷。

5. 名录

名录是提供人名、地名、机构名称等专有名称及相关信息的工具书，包括人名录、地名录、机构名录等。人名录，如《中国当代名人录》、《国际名人录》等；《地名录》，如《世界地名录》、《中国地名录》等；机构名录，如《中国机构名录》、《中国科研单位名录》等。

查找新中国消防专业名录可以使用《中国消防单位人物名录》，史东辉、朱吕统主编，由警官教育出版社出版，辑录了我国消防院校、消防部队、消防协会、消防公司等各个部门名录，虽然是1995年出版的，但对那一段历史有翔实的记载。

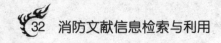

6. 汇编

汇编也称资料汇编，是为满足一定社会需要而将特定范围内的原始资料进行系统的搜集整理、编辑成书。消防科学方面的汇编是多种多样的，主要有消防法规汇编、各种消防标准汇编、各种消防会议资料汇编等，如：

①《消防法律法规文件汇编》，公安部消防局编，中国人民公安大学出版社 2006 年出版；

②《消防技术标准规范汇编》（上、下），中国计划出版社编，中国计划出版社 2007 出版；

③《公共场所消防安全设施标准汇编》（上、下），中国标准出版社第三编辑室编，中国标准出版社 2010 年出版；

④《高层建筑性能防火设计案例汇编》，董希琳编，公安部消防局 2002 年出版。

参考工具书还有类书、政书、表谱、图录、方志等。这几类参考工具书在我们日常从事消防工作和消防科学研究中也可能会用到，但比较少，这里不做具体介绍。

五、信息检索途径

（一）按外部特征的途径划分

1. 题名途径

题名途径是以书名、刊名或论文篇名等信息标题名称作为检索标识来查找文献信息的途径。检索工具是题名索引。题名途径一般多用于查找图书、期刊、单篇文献。检索工具中的书名索引、刊名索引、篇名索引、会议名称索引等均提供了由题名检索文献的途径。

2. 著者途径

著者途径是以信息的责任者（个人或单位）的名称作为检索标识来查找文献信息的途径。检索工具是著者索引，包括个人著者索引、机关团体索引、专利发明人索引、专利权人索引等。著者索引按著者的姓名字顺，将有关文献排序而成。以著者为线索可以系统、连续地掌握某一著者的研究水平和研究方向，查找其最新的论著。

3. 号码途径

号码途径是以文献出版时所编的号码作为标识来查找文献信息的途径。有些文献具有唯一或特定的编号，如专利说明书的专利号、国际标准图书号（ISBN）、国际标准连续出版物号（ISSN）、科技报告的报告号、文献收藏单位编制的馆藏号、索书号等。根据各种号码编制成了不同的号码索引，在已知号码的前提下，通过号码途径能查到所需文献，满足特性检索的需要。利用文献号码索引检索文献比较方便、快捷，但局限性大，不能作为主要的检索途径，一般将其作为一种辅助检索途径。

（二）按内部特征的途径划分

1. 分类途径

分类途径是按照文献信息所属学科专业特征来进行检索的一种途径。检索工具是分类表。使用分类途径时，它要求检索者对所用的分类体系有一定的了解；熟悉分类语言的特点；熟悉学科分类的方法，注意多学科课题的分类特征，正确确定课题的学科属性、分类等级，以获得相应的分类号。分类途径能满足从学科体系出发进行族性检索的需要，使某一学科的有关文献集中在一起，使相邻学科的文献相对集中，但不适应专指度高的主题、新兴学科或跨学科主题的信息检索。

2. 主题途径

主题途径是按照文献信息的主题内容进行检索的一种途径。检索工具是各类主题目录和索引。利用主题途径检索时，只要根据所选用主题词的字顺（字母顺序、音序或笔画顺序等）找到所查主题词，即可查得相关文献。主题途径具有直观、专指、方便等特点，不像使用分类途径，需要先考虑课题所属学科范围、确定分类号等。主题途径表征概念较为准确、灵活，易于理解、熟悉和掌握，不论主题多么专深都能直接表达和查找，并能满足多主题课题和交叉边缘学科检索的需要，具有特性检索的功能。采用主题途径时，需要了解、掌握有关主题词表和关键词的规范问题，这样才能选准主题词或关键词。

3. 分类主题途径

分类主题途径是分类途径与主题途径的结合，它比分类体系更具体，无明显的学术层次划分，比主题体系更概括，且保留了主题体系按字顺排序以便准确查检的特点。

六、计算机信息检索基本技术

信息检索过程实际上是将用户输入的检索提问词与文献记录标引词进行对比匹配的过程。为了提高检索效率，计算机检索常采用一些运算方法，从概念相关性、位置相关性等方面对检索提问实行技术处理。

（一）布尔逻辑检索

在实际检索中，检索提问涉及的概念往往不止一个，而同一个概念又往往涉及多个同义词或相关词。为了正确地表达检索提问，系统中采用布尔逻辑运算符将不同的检索词组配起来，使一些具有简单概念的检索单元通过组配成为一个共有复杂概念的检索式，并可限定检索词在记录中必须存在的条件或不能出现的条件，用以表达用户的信息检索要求，这种检索方式通常称为布尔逻辑检索。常用的逻辑算符主要有 3 种：

1. 逻辑"与"

逻辑"与"亦称逻辑乘，通常用符号"and"或"*"表示，是对具有交叉关系和限定关系概念的一种组配。其逻辑表达式为：A and B（或 A * B），检索时，数据库中必须同时含有检索词 A 和检索词 B 的文献才是命中文献。例如，"建筑" and "防火设计"，表示查找文献内容中既含有"建筑"又含有"防火设计"的文献。其作用是增加限制条件，缩小检索范围，提高查准率和检索的专指性。

2. 逻辑"或"

逻辑"或"亦称逻辑和，通常用符号"or"或"＋"表示，是对具有并列关系概念的一种组配。其逻辑表达式为：A or B（或 A＋B），检索时，数据库中凡是含有检索词 A 或者含有检索词 B 或者同时含有检索词 A 和 B 的文献均为命中文献。例如，"建筑" or"防火设计"，表示查找文献内容中含有"建筑"或含有"防火设计"以及两词都包含的文献。其作用是扩大检索范围，提高查全率。

3. 逻辑"非"

逻辑"非"亦称逻辑差，通常用符号"not"或"－"表示，是对具有排斥关系概念的一种组配。其逻辑表达式为：A not B （或 A－B），检索时，数据库中凡是含有检索词 A 但不含有检索词 B 的文献，为命中文献。例如，"建筑"not"防火设计"，表示查找文献内容中肯定含有"建筑"但不含有"防火设计"的那部分文献。其作用是与逻辑"与"相似，可缩小检索范围，提高查准率和检索的专指性。

上述逻辑运算符中，一般其运算优先级依次为"not"、"and"、"or"，也可通过括号改变它们之间的优先级，圆括号内的逻辑表达式优先执行。

需要注意的是，不同的计算机检索系统，布尔逻辑运算符会有所不同。具体使用时可参照计算机检索系统的"帮助"菜单。

（二）截词检索

截词检索是预防漏检、提高查全率的一种常用检索技术，大多数检索系统都提供截词检索的功能。截词检索，是指检索时将检索词在合适的地方截断，然后使用截词符进行处理。截词检索在计算机检索系统中应用非常普遍，尤其在西文检索系统中，使用截词符处理自由词可以减少检索词的输入量，简化检索程序，扩大检索范围，节省检索时间，降低费用，对提高查全率的效果非常显著。通常使用的截词符有"?"、"＊"、"＄"、"#"等。需要注意的是，不同检索系统、不同的数据库，所采用的截词符及其含义会有所不同。计算机在查找过程中如遇截词符号，将不予匹配对比，只要其他部位字符相同，均算命中文献。常用截词的方式有以下几种：

1. 按照截词位置可以分为后方截词、前方截词、前后截词、中间截词4种方式

例如，输入"computer?"，则数据库将会把含有"computer"，"computers"，"computerized"，"computerization"等文献记录均作为命中记录输出；输入"？computer"，则数据库就能够检索出含有"computer"、"minicomputer"、"microcomputer"等词的记录。前方截词相当于后方一致的检索。输入"？computer?"可检索出"computer"、"computers"、"computerization"、"minicomputer"、"microcomputer"、"microcomputers"等词。前后截词相当于中间一致的检索。

2. 按照截词字符数量可以分为有限截词和无限截词两种方式

有限截词即截几个字符就加几个"?"。例如，输入"computer?"，表示可以0～1个字母的变化，数据库即检出带有"computer"、"computers"的文献；无限截词也叫开放式截断，是将检索词的前后，加一个"?"，表示在此位置可能出现的字符数量不受限制，可查找词干相同的所有词。前方截词、后方截词、前后截词都属于无限截词。

截词检索是一种常用检索技术，大多数英文检索系统都提供截词检索的功能，在英文文献检索中应用广泛。中文数据库有的也使用"前方一致"来表示后截断检索，使用"包含"来表示前后截断检索，也有使用符号表示的，如万方系列数据库中采用"＄"表示后截断符。需要注意的是，任何一种截词检索，都隐含着布尔逻辑检索的"或"运算。采用截词检索时，既要灵活，又要谨慎，截词的部分要适当，如截得太短，将增加检索噪声，影响查准率。而且在不同的数据库和联机检索系统中，所使用的截词符是不同

的，使用时一定要注意。

（三）位置检索

利用布尔逻辑运算符检索时，只对检索词进行逻辑组配，不限定检索词之间的位置以及检索词在记录中的位置关系。而有些情况，如不限制检索词之间的位置关系则会影响某些检索课题的查准率，因此，大部分检索系统都设置了位置限定运算符，以确定检索词之间的位置关系，这种检索称为位置检索。但不同的检索系统，所使用的位置算符不一定相同，功能也有差异，使用时要具体对待。常用的位置算符有"With"、"Near"、"Field"、"Link"。

1. W（With）算符

A（W）B 表示检索词 A 和 B 必须紧密相连，除空格或标点符号外，不允许插入其他词或任何字母，并且 A 和 B 的词序不可颠倒。（W）可简写为（ ）；A（nW）B 则表示检索词 A 和 B 之间最多可插入 n 个单词且位置关系不可颠倒。

2. N（Near）算符

A（N）B 表示检索词 A 和 B 必须紧密相连，除空格或标点符号外，词间不允许插入任何词，但 A 与 B 的词序可以颠倒；A（nN）B 则表示检索词 A 和 B 之间最多可插入 n 个单词且词序可变。

3. F（Field）算符

A（F）B 表示检索词 A、B 必须同时出现在同一记录的同一字段中，如题名字段、文摘字段等，两词的词序、中间可插入单词的数量不限，但使用此算符必须指定所要查找的字段。

4. L（Link）算符

A（L）B 表示检索词 A、B 之间存在从属关系或限制关系，如果 A 为主叙词，则 B 为副叙词。L（Link）算符对有主、副标题叙词表的数据库，使用效果最佳。

（四）字段限制检索

字段限制检索是一种用于限定提问关键词在数据库记录中出现

的区域的检索。控制检索结果的相关性，提高检索效果的检索方法，多以字段限定方式实现，即指定检索词出现的字段，被指定的定段也称检索入口，检索时，系统只对指定字段进行匹配运算，提高了检索效率和查准率。

在检索系统中，数据库设置的可供检索的字段通常有两种：表达文献主题内容特征的基本字段（Basic Field）和表达文献外部特征的辅助字段（Additional Field）。基本字段包括篇名、文摘、叙词、自由标引词四个字段，辅助字段包括除基本字段以外的所有字段。每个字段的标识符都用两个字母表示。常用的字段代码有标题（TI）、文摘（AB）、叙词或受控词（DE 或 CT）、标识词或自由词（ID 或 UT）、作者（AU）、语种（LA）、刊名（JN）、文献类型（DT）、年代（PY）等。在大多数数据库检索页面中，字段名称通常放置在下拉菜单中，用户可根据需要选择不同的检索字段进行检索，以提高检索效率。

七、信息检索步骤

信息检索步骤，是指根据科研课题的需要，使用一定的检索工具，通过特定的检索途径，选择适当的检索方法查找所需文献的全过程。

（一）分析科研课题，明确检索要求

分析科研课题确定检索的目标。信息检索的目的不同，检索的目标也不同。需要对某一专题的信息进行全面、系统的了解，检索目标是要查全；用于解决研究中的关键问题，要求检索出的信息针对性强，检索目标是要查准；用于了解和掌握最新动态或研究进展情况时，要求检出的信息新颖且及时，查全、查准兼顾，但不一定要求太高。

分析研究课题明确检索内容和范围。消防科学是应用学科，其理论和技术涉及多门学科，各学科理论与技术研究又交叉渗透，造成某一专题的信息分散于多门学科中。这里需要搞清楚该课题所涉及的学科范围和课题所需信息的内容及其内容特征，明确要解决的实质问题，也就是说，它所包含的概念和具体要求及它们之间的关系，分清主次，以主要学科作为检索重点，次要学科作为补充，才能全面、系统地查到所需要的信息。

分析研究课题确定课题所需信息的类型。它包括文献信息的媒体、出版类型、所需文献信息的数量、年代范围、有关著者、机构、所涉及的语种等。一般来讲，基础研究的课题，多侧重于检索期刊论文、专著、会议论文、学位论文等，而应用开发的课题，侧重于检索专利信息、标准文献、产品样本资料等。明确所需信息类型，可为选择数据库和书刊提供依据，提高检索针对性。确定检索时间范围，可节省检索时间和精力，一般根据课题历史背景和检索要求，得出最为恰当的年代。一般申请专利年限要长些，而对于课题的研究水平与动向则只检索最近几年的信息即可。

（二）选择检索书刊或数据库

在全面分析检索课题需求的基础上，明确了需要得到的信息类型、时间范围、学科范围、主题内容以及经费支持等因素后，要进行检索书刊或数据库的选择。一般而言，一个计算机检索系统通常可提供多个可检索数据库，一个手工检索系统即为一个检索工具。现代信息检索中，一般通过三次文献的检索，如《书目指南》、《工具书指南》、《数据库目录》等工具指引到二次文献检索系统，进而确定检索系统和数据库。

在选择检索系统时，应注意以下问题：

第一，在手段上和技术上，能采用计算机检索工具的就不选手工检索工具，计算机检索效率更高。但数据库的信息收录时间有限，较久远的信息仍需选择手工检索工具，而且如计算机检索费用较高，可采用相对应的手工检索工具进行预检，以做到心中有数。

第二，从内容上和时间上，考虑检索系统和数据库对课题的覆盖面和一致性，并综合考虑数据库收录的完整度、编制的质量和使用的方便等因素。

第三，考虑价格和可获性，选择容易获得的检索系统，了解所使用数据库的收费价格，权衡价格效益比。

（三）制定检索策略、途径和方法

1. 选择检索途径

各种检索途径的作用各不相同，通过不同的检索途径所检索的结果和效果也各不相同。因此，选择检索途径是非常必要的。检索途径是检索的入口，在数据库中也可称检索字段。采用何种检索途径，要根据检索书刊或数据库所提供的检索途径和已掌握的信息线索及检索信息深度来确定。例如，有的检索书刊检索途径比较单一，就只能从提供的途径入手检索，而大多数的数据库和检索书刊除提供分类途径外，还提供主题、题名、著者、号码等检索途径，用户可以根据需要进行选择。当检索课题所需要的范围较广时，应选择族性检索功能较强的分类途径或进行全文本检索；当检索课题所需信息范围较窄、较专深、较具体时，可选用特性检索功能较强的主题途径、题名途径。如果用户知道著者名称或专利号，可以采用相应的著者途径、专利号途径进行检索，并以此为起点，先查到一批有关信息，通过对信息进行分析，再选择其他途径来检索，往往会收到更好的效果。

2. 选择检索词

选择了一定检索途径，还要选择检索词。检索词是表达信息的基本单元，也是计算机检索中进行匹配的基本单元，检索词选择是否准确恰当，直接影响检索效果。选择检索词要全面，应该覆盖各个主题概念，并包含现行主题和隐性主题，同时要注重同义词或相关词的选用，这是因为，对同一事物，人们有对其不同的称呼和表达，如计算机、微机、电脑等。英语表达上也有很多不同，英语还有各种词形的变化，如名词单复数、动词形式、形容词形式、副词形式等。我们在选择检索词时应尽可能考虑各种可能的表达方法，要把同义词、近义词、相关词、各种词形变化都选择上，以避免遗漏，确保查全率。选择检索词时要注重规范化主题词的选用，要从待检数据库检索书刊的词表中选取规范化的词或词组，确保检索与标引一致，以便获得好的检索效果。选择检索词要注重常用的专业术语的选用。另外，还要注意检索词的不同拼写方法（英美的变体），不可忽视缩写词的选用，注意上位概念与下位概念的选用。

3. 构建科学的检索式

选择了检索词，还应有科学的检索方法相匹配，才能获得较理想的效果。也就是说，检索需要制订一种可执行的方案，即检索式。检索式，是指用布尔逻辑、截词算符、位置算符、字段算符以及系统规定的其他连接符号，按检索课题的具体需要进行合理组配，形成表达集体信息需求的逻辑表达式。它是检索策略的具体体现，它能将各检索单元（其中最多的是表达主题内容的检索词）之间的逻辑关系、位置关系等用检索系统规定的各种组配符（也称算符）连接起来，形成机器可识别和执行的命令形式。检索式要精练明了，同时要考虑到各种情况，多准备几个，以便检索时随时调整使用。检索时，一般采用专指度高的先检索，逐步扩大检索范围，这样可以节省检索时间并获得较准确的检索结果。

（四）实施检索策略，索取原始文献

1. 实施检索策略，获取信息线索

手工检索策略的实施主要靠人的大脑进行，即将检索策略中信息需求所涉及的有关提问特征，如主题词、分类号、作者姓名与检索系统中提供的检索标识进行比较分析，筛选出与信息需求一致或基本一致的检索结果；计算机检索策略的实施是通过计算机来完成的，即将构造好的检索式，输入计算机检索系统，使用检索系统认可的检索指令进行逻辑匹配运算，并输出显示检索结果。

2. 整理信息线索，索取原始文献

将所得到的文献信息检索结果按来源类型（如图书、论文、专利说明书等）、语种进行归类整理，并按其参考价值的重要程度进行排序，以确定获取原始文献。获取原始文献的基本原则是由近而远。具体采用哪种方式索取原始文献，应根据当地、当时的具体

条件而定。

八、信息检索效果评价

查全率、查准率是评价检索效果的两项主要指标。为了便于掌握查全率和查准率的含义，需要对数据库中检索出的信息记录进行分析。以一个检索式去检索任何一个数据库，都会有 4 个相关量，即

a 表示从数据库中检出的相关信息记录数；

b 表示从数据库中检出的无关信息记录数；

c 表示数据库中未被检出的相关信息数；

d 表示数据库中未被检出的无关信息数。

查全率（R），是指从数据库中检出的相关信息数占该数据库中总的相关信息的百分比，即查全率（R）＝检出的相关信息数（a）/数据库中相关信息总数（a＋c）×100%。

查准率（P），是指从数据库中检出的相关信息数占检出的信息总数的百分比，即查准率（P）＝检出的相关信息数（a）/检出的信息总数（a＋b）×100%。

查全率反映数据库中所需要信息被检出的程度，查准率则反映所检出信息与检索需求之间的相关程度。查全率和查准率是一种互逆关系，当放宽检索条件，扩大检索范围时，查全率提高，查准率降低；增加检索条件，缩小检索范围，查准率提高，查全率下降。

在网络环境下，检索效果评价还有：检索工具的响应时间、检索结果的排列方式、检索结果的重复率、检索结果的死链接率、检索结果显示方式、检索结果输出的最大数量等指标。

第二章　消防常用中文数据库

　　在信息资源极端丰富的今天，相当多的信息资源以数字形态存在，这些数字信息资源包罗万象、数量庞大，大多以数据库形式存储和利用，商业公司研发推出或者各机构组织自行开发的众多数据库提供的海量信息遍布现代人类生活的每一个角落，消防信息或分散或相对集中地以各种形式遍布于这些数据库之中。本章和第三章选取了有代表性的一些消防常用中外文数据库，介绍这些数据库的最新情况及检索使用方法。

第一节　中国知识资源总库
——CNKI 系列数据库

一、CNKI 简介

（一）概述

　　CNKI 即中国知识基础设施工程（China National Knowledge lnfrastructure），简称 CNKI 工程，是以实现全社会知识信息资源共享为目标的国家信息化重点工程，亦可解读为"中国知网"（China National Knowledge Internet），是目前学术界常用中文学术资源数据库之一，也是查找中文消防文献信息资源最常用的数据库之一。

　　中国知识基础设施工程的概念，源于世界银行《1998 年度世界发展报告》。该报告指出，发展中国家应该着重建设国家知识基础设施（National Knowledge Infrastructure，简称 NKI），以尽快缩小与发达国家的差距，提高国家知识和技术的创新能力，增强国际竞争力。

CNKI 是清华同方光盘股份有限公司、中国学术期刊（光盘版）电子杂志社、光盘国家工程研究中心等单位，于 1999 年 6 月开始在《中国学术期刊（光盘版）》（CAJ—CD）和中国期刊网（CJN）全文数据库建设的基础上研制开发的一项规模宏大、内容广博、结构系统的知识信息化建设项目。它主要包括知识创新网和基础教育网，其中知识创新网设有国内通用知识仓库、海外知识仓库、政府知识仓库、企业知识仓库、网上研究院和中国期刊网。涵盖了我国自然科学、工程技术、人文与社会科学期刊、博（硕）士论文、报纸、图书、会议论文等公共知识信息资源，用户遍及全国和欧美、东南亚、大洋洲等各个国家及地区，为全社会知识资源高效共享提供了最丰富的知识信息资源和最有效的知识传播与数字化学习平台，实现了我国知识信息资源在互联网条件下的社会化共享与国际化传播，使我国各级各类教育、科研、政府、企业、医院等各行各业获取与交流知识信息的能力达到了国际先进水平。

平台资源按文献类型分为 18 个子库，面向各领域学术研究，整合学术类期刊、博（硕）士学位论文、工具书、重要会议论文、年鉴、专著、报纸、专利、标准、科技成果、知识元、哈佛商业评论数据库、古籍等；还可与德国 Springer 公司期刊库等外文资源统一检索。该平台资源适用者包括各学科专业的科研、技术开发及其管理人员、高校师生、政策理论研究者与各级领导等。消防常用文献信息分散于这 18 个数据库中。

CNKI 工程的主要内容包括：知识信息资源数字化建设及挖掘、网络数据存储于知识网络传播体系，知识信息组织整合平台、知识仓库建库管理和发布系统、知识信息计量评价系统和数据库生产基地建设等方面。

（二）CNKI 的服务方式

中国知网主要提供 3 种服务模式：网上包库模式（WEB 版）、流量计费模式、本地镜像站点模式，用户可以根据自己的需要选择方便的模式使用。

1. 网上包库模式

一般是高校或者大型研究机构等机构集团用户通常选用的服务模式。院校等机构部门根据需要从 CNKI 众多的数据库中选订某些学科类别的数据库，CNKI 根据该机构单位提供的 IP 段提供服务，该单位成员在本机构或单位 IP 段联网的计算机上通过互联网远程访问 CNKI 的数据库，随意查询、浏览、下载，不受数量和金额限制。这种服务方式称为网上包库。这种服务方式限定使用范围，只限订购机构内部人员在本机构 IP 地址范围内使用，对于同时登录的并发人数也有限制。该种模式适合下载量大、用户人数多的消防院校或者大型消防科研机构采用。

2. 流量计费模式

机构或个人在 CNKI 网站上开有备用金账户，用该账号登录后使用 CNKI 数据库，不受学科类别的限制自由使用，每下载数据信息时有程序统计记录使用量，按照收费标准从账户中扣除相应的金额，用户通过汇款或者购买不同面值的 CNKI 阅读充值卡为该账户充值，称为流量计费模式。通过 CNKI 数据库下载文献一般按页收费，每页 0.5 元。用户通过这种模式访问 CNKI 数据库不受上网计算机 IP 地址和并发人数限制，也不受订购学科类别限制，但使用单价相对较高，适合人数较少的消防机构和个人使用。

3. 本地镜像站点模式

将 CNKI 数据库资源安装到用户单位内部的服务器上使用数据库的方式，称为镜像站点服务模式。这种模式要求购买机构有内部网或局域网，需要一定硬件投资（服务器和存储设备）；维护和更新数据需要技术人员，仅限订购机构内部人员使用。镜像站点全文数据定期更新，属于购买单位永久保存使用。这种模式适合下载量大、用户人数多的消防院校、大型消防科研机构、各级消防部队以及偏远地区的消防大专院校、科研单位使用。

二、数据库介绍

(一) 中国学术期刊网络出版总库

中国学术期刊网络出版总库是在《中国学术期刊（光盘版）》的基础上开发的基于互联网的一种大规模集成化、多功能动态学术期刊全文检索系统，是世界上最大的连续动态更新的中国学术期刊全文数据库，是"十一五"国家重大网络出版工程的子项目，是《国家"十一五"时期文化发展规划纲要》中国家"知识资源数据库"出版工程的重要组成部分。该数据库收录国内学术期刊 7900 多种，其中自 1915 年创刊至 1993 年 3500 余种，1994 年至今 7700 余种，全文文献总量 3500 多万篇。核心期刊收录率 96%；特色期刊（如农业、中医药等）收录率 100%；独家或唯一授权期刊共2300 余种，约占我国学术期刊总量的 34%。内容覆盖所有知识门类，分为基础科学、工程科技Ⅰ、工程科技Ⅱ、农业科技、医药卫生科技、哲学与人文科学、社会科学Ⅰ、社会科学Ⅱ、信息科技、经济与管理科学 10 大专辑。数据库形式有 WEB 版（网上包库）、镜像站版、光盘版。CNKI 中心网站及数据库交换服务中心每日更新。

中国学术期刊网络出版总库除了可用于信息检索、信息咨询、原文传递等常规服务外，还可以用于引文服务，生成引文检索报告；查新服务，生成查新检索报告；期刊评价，生成期刊评价检索报告；科研能力评价，生成科研能力评价检索报告；项目背景分析，生成项目背景分析检索报告。

中国学术期刊网络出版总库是消防教学科研人员以及消防部队专业从业人员了解、利用消防各学科领域最新科研动态和理论成果的最常用数据库。

（二）中国优秀博（硕）士学位论文全文数据库

中国优秀博（硕）士学位论文全文数据库是目前国内相关资源最完备、高质量、连续动态更新的中国优秀博（硕）士学位论文全文数据库，每年收录全国404家培养单位的博士学位论文和621家硕士培养单位的优秀硕士学位论文，迄今已完成1984年至2012年170万多篇博（硕）士学位论文全文文献的数据加工与入库。其内容覆盖基础科学、工程技术、农业、医学、哲学、人文、社会科学等各个领域，可以分为基础科学、工程科技Ⅰ、工程科技Ⅱ、农业科技、医药卫生科技、哲学与人文科学、社会科学Ⅰ、社会科学Ⅱ、信息科技、经济与管理科学共10大专辑、168个专题。

数据库形式有WEB版（网上包库）、镜像站版、光盘版。中心网站版、网络镜像版通过互联网或卫星传送数据可实现每日更新。网络镜像版、光盘版，每月10日出版。

中国优秀博（硕）士学位论文全文数据库有助于研究生确定论文的选题和研究方向，以避免与他人研究工作不必要的重复，还可以帮助科研人员系统了解有关课题的研究动态，是系统、全面了解和利用中文消防科学研究成果的重要渠道。

（三）中国重要报纸全文数据库

中国重要报纸全文数据库是以重要报纸刊载的学术性、资料性文献为收录对象的连续动态更新的数据库。至今已收录2000年6月至2012年10月国内公开发行的500多种重要报纸全文文献1000多万篇，内容包括文化、艺术、体育及各界人物、政治、军事与法律、经济、社会与教育、科学技术、恋爱婚姻家庭与健康。分为基础科学、工程科技Ⅰ、工程科技Ⅱ、农业科技、医药卫生科技、哲学与人文科学、社会科学Ⅰ、社会科学Ⅱ、信息科技、经济与管理科学共10大专辑、168个专题文献数据库和近3600个子栏目。网上数据每日更新。数据库形式有WEB版（网上包库）、镜像站版、光盘版。

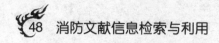

（四）中国重要会议论文全文数据库

《中国重要会议论文全文数据库》收录了国内重要会议主办单位或论文汇编单位书面授权，投稿到"中国知网"进行数字出版的会议论文，是《中国学术期刊（光盘版）》电子杂志社编辑出版的国家级连续电子出版物。重点收录1999年以来，中国科协、社科联系统及省级以上的学会、协会，高校、科研机构，政府机关等举办的重要会议上发表的文献。其中，全国性会议文献超过总量的80%，部分连续召开的重要会议论文回溯至1953年。每年增加1500本论文集约10万篇论文及相关资料。截至2012年10月，已收录出版1.2万多次国内重要会议投稿的论文，累积文献总量140多万篇。按照内容分为基础科学、工程科技Ⅰ、工程科技Ⅱ、农业科技、医药卫生科技、哲学与人文科学、社会科学Ⅰ、社会科学Ⅱ、信息科技、经济与管理科学共10大专辑、168个专题。数据库形式有WEB版（网上包库）、镜像站版、光盘版。网上数据每日更新。

（五）国际会议论文全文数据库

《国际会议论文全文数据库》的文献是由国内外会议主办单位或论文汇编单位书面授权并推荐出版的重要国际会议论文，是由《中国学术期刊（光盘版）》电子杂志社编辑出版的国家级连续电子出版物专辑。重点收录1999年以来，中国科协系统及其他重要会议主办单位举办的在国内召开的国际会议上发表的文献，部分重点会议文献回溯至1981年。截至2012年10月，已收录出版国内外学术会议论文集2600多本，累积文献总量30多万篇。根据内容可分为基础科学、工程科技Ⅰ、工程科技Ⅱ、农业科技、医药卫生科技、哲学与人文科学、社会科学Ⅰ、社会科学Ⅱ、信息科技、经济与管理科学共10个专辑，下分168个专题。数据库形式包括WEB版（网上包库）、镜像站版、光盘版。网上数据每日更新。

（六）中国年鉴网络出版总库

中国年鉴网络出版总库是目前国内最大的连续更新的动态年鉴

资源全文数据库。基本数据来自中国国内的中央、地方、行业和企业等各类年鉴的全文文献，部分数据可回溯至 1912 年。内容覆盖基本国情、地理历史、政治军事外交、法律、经济、科学技术、教育、文化体育事业、医疗卫生、社会生活、人物、统计资料、文件标准与法律法规等各个领域。年鉴内容按行业分类可分为地理历史、政治军事外交、法律、经济总类、财政金融、城乡建设与国土资源、农业、工业、交通邮政信息产业、国内贸易与国际贸易、科技工作与成果、社会科学工作与成果、教育、文化体育事业、医药卫生、人物 16 大行业；地方年鉴按照行政区划分类可分为北京市、天津市、河北省、山西省等共 34 个省级行政区域。数据库形式包括 WEB 版（网上包库）、镜像站版。网上数据每日更新。通过该数据库用户可以了解关于我国消防的最详尽的官方年度统计数据。

（七）中国经济社会发展统计数据库

中国经济社会发展统计数据库是目前国内最大的连续出版的以统计年鉴（资料）为主体的数值型数据库，目前收录了 1949 年至 2012 年间中国统计出版社及中国国内各统计年鉴编辑部编撰出版的统计年鉴（及各类统计资料）、国家/省市统计局及各类统计部门发布的季月度数据和主要国际组织发布的国家/地区发展统计数据，共 863 种统计年鉴（资料），6017 册，1889540 个条目。内容按行业分类可分为国民经济核算、固定资产投资、人口与人力资源、人民生活与物价、各类企事业单位、财政金融、自然资源、能源与环境、政法与公共管理、农民农业和农村、工业、建筑房产、交通邮电信息产业、国内贸易与对外经济、旅游餐饮、教育科技、文化体育、医药卫生 18 个领域（行业），按照行政区划分类可分为长江三角洲、珠江三角洲、环渤海地区、东北地区、西部大开发省市、北京市、天津市、河北省等共 39 个跨省市地区或省级行政区域。各类统计图表均提供 Excel 格式，提供超过 800 万个时间序列数据的数据挖掘分析平台和超过 2.2 亿笔数据的数值搜索平台。数据库形式包括 WEB 版（网上包库）、镜像站版。网上数据采用互联网或卫星传送方式每双周更新。该库是消防科研工作者和社会各界人士获得各类消防数据信息的重要渠道之一。

（八）中国法律知识资源总库

中国法律知识资源总库是清华大学主办、中国学术期刊（光盘版）电子杂志社出版、同方知网（北京）技术有限公司于2005～2008年研发的数据库型连续电子出版物，是目前中国信息量最大、技术最先进、水平最高的大型动态法律知识服务系统。《中国法律知识资源总库》下设法律法规库、论文文献库、典型案例库3个库，收录各种类型知识信息资源共计220多万篇（件）。借助《中国知识资源总库》技术平台，可以实现查询、定制、推送等服务，有助于更准确地定性新型案件、了解审判先例、掌握专家观点。

目前，中国法律知识资源总库中的法律法规库收录我国1949年至2012年颁布的宪法、法律及有关法律问题的决定、行政法规及规范性文件、军事法规及文件、地方性法规及文件、部门规章及文件、地方政府规章及文件、司法解释及文件、行业规定、国际条约、团体规定等法律法规62万篇，年更新10万篇。

案例库共收录1949年至今的各类型案件23万余件。文书型案例系全国各级人民法院公布的裁判文书原文，为用户了解、掌握类似案例的处理方法和原则提供了权威可靠的参考依据；媒体型案例精选法学专家及法官、检察官、刑侦人员等实务部门的一线工作人员针对个（类）案，结合自己的研究成果或工作实践而撰写发表的案例分析，有助于用户全面了解案例的背景信息、专家观点、同行经验及其在司法实务中的应用指导。

论文库共收录1979年至今的法律及其相关学科论文文献160余万篇，以学术性、行业指导性论文资源为收录特色，包括前沿问题的理论探讨、疑难问题的法理分析和法律热点的专家点评等文献。不仅满足法律工作者不断更新补充新知识的需求，而且为新型案件、疑难案件的定罪量刑提供权威的理论依据，为法律实务部门实现业务创新提供最坚实的知识资源保障。

《中国法律知识资源总库》打破传统的法律信息条块分割体系，对涉法信息进行全面、科学的整合，对所有内容进行了知识层次的深度整合，构建了法律信息之间的知识网络系统，使得法律知识信息资源融合成为一个有机的整体。该库具备强大的信息检索能力，能快速准确查找所需文献信息，还具有知识整合能力，充分挖掘文献之间的知识关联，构建了跨越论文、案例、法律法规的知识网络，通过"知网节"页面展示给用户，帮助用户进行对比分析，解决实际问题。该库是消防执法工作人员常用的数据库。

（九）中国科技项目创新成果鉴定意见数据库（知网版）

《中国科技项目创新成果鉴定意见数据库（知网版）》收录了从 1970 年至 2012 年正式登记的中国科技成果，部分成果回溯至 1920 年。该数据库按行业、成果级别、学科领域分类，目前共计收录成果 54 万多项，每条成果信息包含成果概况、立项、评价、知识产权状况及成果应用，成果完成单位、完成人等基本信息，是国内唯一收录专家组对该项成果的推广应用前景与措施、主要技术文件目录及来源、测试报告和鉴定意见等内容的鉴定数据。与通常的科技成果数据库相比，《中国科技项目创新成果鉴定意见数据库（知网版）》每项成果的知网节集成了与该成果相关的最新文献、科技成果、标准等信息，可以完整地展现该成果产生的背景、最新发展动态、相关领域的发展趋势，可以浏览成果完成人和成果完成机构更多的论述以及在各种出版物上发表的文献。数据库形式包括 WEB 版（网上包库）、镜像站版。网上数据采用互联网或卫星传送方式每周更新。

（十）中国工具书网络出版总库

《中国工具书网络出版总库》是传统工具书的数字化集成整合，收录了 200 多家知名出版社 6259 部工具书，约 1500 万词条，70 万张图片，按学科分 10 大专辑、168 个专题，类型包括：汉语词典、双语词典、专科辞典、百科全书、图谱年表、手册、名录、语录、传记等，内容涵盖哲学、社会科学、文学艺术、文化教育、自然科学、工程技术等各个领域。该库不但保留了纸本工具书的科学性、权威性和内容特色；而且配置了强大的全文检索系统，大大突破了传统工具书在检索方面的局限性；同时通过超文本技术建立了知识之间的链接和相关条目之间的跳转阅读，使用户在一个平台上能够非常方便地获取分散在不同工具书里的、具有相关性的知识信息。是用户全方位了解科学知识，并向广度和深度进展的桥梁与阶梯。

该库除了实现了库内知识条目之间的关联外，每一个条目后面还链接了相关的学术期刊文献、博士硕士学位论文、会议论文、报纸、年鉴、专利、知识元等，帮助人们了解最新进展，发现新知，开阔视野。

（十一）专利数据库

专利数据库包含《中国专利全文数据库（知网版）》和《海外专利摘要数据库（知网版）》，目前收录了从 1985 年至 2012 年的中国专利 690 多万条、从 1970 年至 2012 年的国外专利 2450 多万条。专利相关的文献、成果等信息来源于 CNKI 各大数据库。用户可以通过申请号、申请日、公开号、公开日、专利名称、摘要、分类号、申请人、发明人、优先权等检索项进行检索，国内专利一次性下载专利说明书全文，国外专利说明书全文需链接到欧洲专利局网站下载。中国专利按照专利种类分为发明专利、外观设计和实用新型 3 个类型，其中发明专利和实用新型采用国际专利分类法（IPC 分类）和 CNKI 168 学科分类，外观设计采用国际外观设计分类和 CNKI 168 学科分类。

与通常的专利数据库相比，《中国专利全文数据库（知网版）》和《海外专利摘要数据库（知网版）》每条专利的知网节集成了与该专利相关的最新文献、科技成果、标准等信息，可以完整地展现该专利产生的背景、最新发展动态、相关领域的发展趋势，可以浏览发明人与发明机构更多的论述以及在各种出版物上发表的文献。数据库形式包括 WEB 版（网上包库）、镜像站版，中国专利双周更新，国外专利月更新。

消防科研人员和社会各界人士可以通过该库查找了解消防产品专利情况。

（十二）标准数据总库

标准数据总库是国内数据量最大、收录最完整的标准数据库，分为《中国标准数据库》（SCSD）、《国外标准数据库》（SOSD）、《国家标准全文数据库》和《中国行业标准全文数据库》。《中国标准数据库》（SCSD）收录了所有的中国国家标准（GB）、国家建设标准（GBJ）、中国行业标准的题录摘要数据，共计标准约13万条。《国外标准数据库》（SOSD）收录了世界范围内重要标准，如国际标准（ISO）、国际电工标准（IEC）、欧洲标准（EN）、德国标准（DIN）、英国标准（BS）、法国标准（NF）、日本工业标准（JIS）、美国标准（ANSI）等的题录摘要数据，共计标准约31万条。《国家标准全文数据库》收录了由中国标准出版社出版的，国家标准化管理委员会发布的所有国家标准，占国家标准总量的90%以上。《中国行业标准全文数据库》收录了现行、废止、被代替以及即将实施的行业标准，全部标准均获得权利人的合法授权。标准的内容来源于中国标准化研究院国家标准馆，相关的文献、专利、成果等信息来源于CNKI各大数据库。可以通过标准号、中文标题、英文标题、中文关键词、英文关键词、发布单位、摘要、被代替标准、采用关系等检索项进行检索。数据库形式包括WEB版（网上包库）、镜像站版，数据每月更新。该库是消防产品生产厂家生产制造各类消防产品时必须遵守的规范，也是消防管理机关进行消防检查和执法的依据之一。

三、数据库检索

访问CNKI数据库有多种方式，用户可以通过百度等搜索引擎查找后登录，也可以在网址栏中输入 http：//www.cnki.net 直接登录，校园网机构用户可以登录图书馆网站，在数字图书馆或电子文

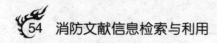

献资源中找到 CNKI 数据库的链接并登录。

（一）检索方法

CNKI 各数据库的检索方法基本相同，下面以"中国期刊全文数据库"为例介绍 CNKI 数据库的初级检索、高级检索、专业检索、二次检索、期刊导航 5 种检索方法。

1. 初级检索

初级检索是一种简单检索，适用于要求不高的简单查询，在 CNKI 首页上端的检索栏即可进行检索，检索栏上方列出了文献、期刊、博硕士、会议、报纸、外文文献、年鉴、百科、词典、统计数据、专利、标准等数据库选项，用户点击文献键可在所有数据库中进行检索，点击其他任一键可进行单库检索。

初级检索的检索途径有主题、篇名、关键词、作者、单位、刊名、ISSN、CN、基金、摘要、全文、参考文献、中图分类号等检索字段可供选择。初级检索结果一般准确率较低，需要时可以在检索结果中进行二次检索。

例如，想查找关于"卤代烷灭火剂"的相关文献，可以在检索字段中选择"篇名"，检索栏中输入"卤代烷灭火剂"，点击"检索"键，可以得到 47 条记录（见图 2 - 1）。

图 2 - 1　CNKI 初级检索

2. 高级检索

高级检索是一种比较复杂的组合检索方式，检索命中率高，但需要较高的检索技巧。单击页面转换工具条中的"高级检索"即可进入高级检索界面，然后选择设定检索字段、时间范围、来源期刊、词频、匹配模式、字段间逻辑关系、支持基金、作者、作者单位，输入检索词，然后点击"检索"开始检索。

例如，需检索"阻燃"、"ABS"相关期刊论文，可以在检索字段栏中选择篇名，在检索词栏中分别键入"阻燃"和"ABS"，逻辑选项中选择"并含"，词频栏目中保持"词频"状态不作选择，匹配模式栏目中选择"精确"，则可以得到论文题目中含有"阻燃"和"ABS"的论文287篇。如果需要进一步扩大检索范围，可以在检索字段栏中选择"主题"或者"全文"，可以得到的检索结果分别是472篇和10410篇。如果需要进一步缩小检索范围，在检索结果中检索与"磷"相关的论文，可以在第二行检索栏的检索词栏中键入"磷"，其他选项保持不变，可以得到20条结果。

3. 专业检索

专业检索比高级检索功能更强大，但对用户的检索技术需要较高。用户必须根据系统的检索语法规定编写检索式进行检索，适用于熟练掌握检索技术的专业检索人员。例如，需检索姓"范"和"廖"两名作者合作的关于"火灾"、"模拟"的相关论文，可以在检索栏中列出 TI＝"火灾" and KY＝"模拟" and（AU ％ "范"＋"廖"），即可获得中国科学技术大学范维澄和廖光煊两位知名专家合作的关于火灾模拟方面的论文5篇。

4. 二次检索

经过简单检索、高级检索和专业检索之后如果结果很多，可以使用 CNKI 提供的二次检索功能，在上一次检索结果中继续检索，获得更加准确的结果。例如，先通过初级检索精确查找到了"外墙保温"相关论文1218篇，需要进一步缩小检索范围，查找"聚苯"相关期刊论文，可以在检索词栏中键入"聚苯"，选择二次检索，可以得到"外墙保温"和"聚苯"相关检索结果60条。

5. 期刊导航

中国期刊全文数据库还专门设置了期刊导航功能，通过期刊导航，用户可直接浏览期刊基本信息，按出版的刊期查找期刊文章。期刊检索使用户可以了解期刊的基本信息。期刊导航中提供了专辑导航、数据库刊源、刊期、地区、主办单位、发行系统、期刊荣誉榜、世纪期刊、核心期刊9种导航方式。期刊导航提供图形、列表、详细3种信息显示方式。还可以按拼音首字母查找期刊，提供期刊的拼音正、倒序排序功能。在期刊导航中，点击刊名，将获得该刊的相关情况以及数据库收录该刊的全部数据；点击其中的某年某期，可查看该期上的全部文章题录；点击其中的一个文章篇名，则可获得该篇文章的详细内容。期刊导航中期刊检索，可从不确切刊名查找特定期刊，设置了刊名、ISSN、CN（统一刊号）3条检索途径。

（二）检索结果的浏览与阅读

1. 检索结果的浏览

CNKI 中国期刊全文数据库的检索结果浏览页面提供了多种功能（见图2-2）。

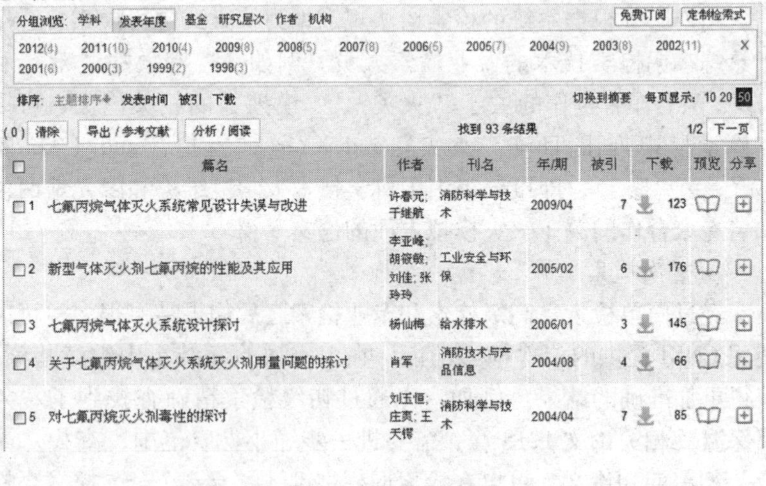

图2-2　CNKI 检索结果的浏览

一是检索结果的排序，提供了主题、发表时间、被引次数和下载次数 4 种排序方式，主题排序是默认排序方式。

二是检索结果显示数量，提供了 10 条、20 条和 50 条 3 种浏览方式。

三是提供了"列表"、"摘要"两种浏览界面。进入列表界面，检索结果列表逐条显示论文的篇名、作者、刊名、年/期、被引、下载、预览、分享。进入摘要界面，除篇名等上述内容外，摘要是主要浏览内容。

四是提供了 6 种分组浏览模式，包括学科、发表年度、基金、研究层级、作者、机构。用户可以在众多检索结果中根据需要选择方便的浏览模式。学科浏览模式下所有检索文献按照学科类别排序；发表年度模式下可以清楚看到所检索文献的年度分布情况，根据需要选择需要年度的文献阅读；基金模式展示了检索结果中论文所获得基金资助的种类和数量；研究层次模式下将所有文献分为行业指导、工程技术、政策研究、基础与应用基础等类别；作者模式下按照发文数量从多到少的顺序排列检索论文的作者情况；机构模式下按照论文作者所在单位发文数量从多到少的顺序排列。

五是窗口左侧提供了来源类别、期刊来源、关键词、检索历史、下载历史、近期关注等功能。来源类别包括"SCI 来源期刊"、"EI 来源期刊"、"核心期刊"、"CSSCI"，通过该功能用户可以了解检索结果被收录到上述类型期刊的数量；期刊来源按照载文数量多少列出了刊载检索结果论文的期刊名称；关键词功能提供了所检索论文中出现频次最高的关键词；检索历史、下载历史、近期关注功能可以方便用户回顾以前检索、下载、阅读浏览过的课题。

2. 检索文献的下载与阅读

用户根据需要选择好恰当的浏览界面后，点击所需文献篇名，可以得到文献的题录文摘信息；点击下载栏下所需文献对应位置箭头标志，可以下载并用"CAJ 全文浏览器"打开文献全文进行阅读，也可以下载 PDF 格式的文献全文阅读；点击文献的"中文刊名"链接，可得到该期刊本期文献目录，进一步点击文献名，可以打开本期文献全文（见图2-3）。

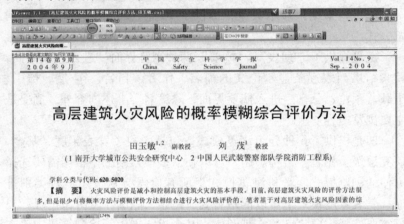

图2-3　CNKI全文阅读界面

第二节　万方数据知识服务平台

一、概述

万方数据知识服务平台（Wanfang Data Knowledge Service Platform）是万方数据股份有限公司设计开发的大型综合性数据库平台，是在原万方数据资源系统的基础上，经过不断改进、创新而成，集纳了期刊、学位、会议、外文期刊、外文会议等类型的学术论文，法律法规，科技成果，专利、标准和地方志等资源，开发推出中国学术期刊数据库、中国学位论文全文数据库、中国学术会议文献数据库、中外专利数据库、中外标准数据库、中国法律法规数据库、中国科技成果数据库、中国特种图书数据库、中国机构数据库、中国专家数据库、中国学者博文索引库等文献资源数据库，到2013年5月，总计收录5190万篇学术论文。推出知识脉络分析服务、论文相似性检测服务、查新咨询服务中心、科技文献分析服务、专题服务、中国学术统计分析服务、行业在线服务、身份证核查服务、DOI 服务、专利分析服务、移动阅读服务等知识服务。

二、数据库简介

（一）中国学术期刊数据库

中国学术期刊数据库的英文名称为 China Science Periodical Database，简称 CSPD。期刊论文是全文资源，内容包括论文标题、论文作者、来源刊名、论文的年卷期、中图分类法的分类号、关键词、所属基金项目、摘要等信息，并提供全文下载。目前收录 1998 年至 2013 年以来国内出版的各类期刊 7000 千余种，其中核心期刊 2800 余种，论文总数量达 2300 余万篇，每年约增加 200 万篇，每周两次更新。

（二）中国学位论文全文数据库

中国学位论文全文数据库的英文名称为 China Dissertation Database，简称 CDDB。收录了国家法定学位论文收藏机构——中国科技信息研究所——提供的自 1980 年以来我国自然科学领域各高等院校、研究生院以及研究所的硕士、博士以及博士后论文共计 248 万余篇，内容包括：论文题名、作者、专业、授予学位、导师姓名、授予学位单位、馆藏号、分类号、论文页数、出版时间、主题词、文摘等信息。其中"211 高校"论文收录量占总量的 70% 以上，每年增加约 30 万篇。

（三）中国学术会议文献数据库

中国学术会议文献数据库的英文名称为 China Conference Paper Database，简称 CCPD。会议论文是全文资源，收录了由中国科技信息研究所提供的，1985 年至今国家级学会、协会、研究会组织召开的各种学术会议论文 223 万余篇，以一级以上学会和协会主办的高质量会议论文为主。每年涉及近 3000 余个重要的学术会议，范围涵盖自然科学、工程技术、农林、医学等多个领域，内容包括：数据库名、文献题名、文献类型、馆藏信息、馆藏号、分类号、作者、出版地、出版单位、出版日期、会议信息、会议名称、主办单位、会议地点、会议时间、会议届次、母体文献、卷期、主题词、文摘、馆藏单位等，为用户提供最全面、详尽的会议信息，是了解国内学术会议动态、科学技术水平，进行科学研究必不可少的工具。每年增加约 20 万篇，每月更新。

（四）中外专利数据库

中外专利数据库的英文名称为 Wanfang Patent Database，简称WFPD。全文资源，收录了国内外的发明、实用新型及外观设计等专利 3240 余万项，其中中国专利 600 余万项，外国专利 2400 余万项，每年增加约 25 万条。中国专利每两周更新一次，国外专利每季度更新一次。

中外专利数据库是公安消防部队，消防相关科技机构、科研院所、大专院校和个人，大中型消防产品生产企业在专利信息咨询、专利申请、科学研究、技术开发以及科技教育培训中不可多得的信息资源。

该数据库提供简单检索和高级检索两种检索方式，可以通过专利名称、摘要、申请号、申请日期、公开号、公开日期、主分类号、分类号、申请人、发明人、主申请人地址、代理机构、代理人、优先权、国别省市代码、专利类型等检索项进行检索，提供专利全文下载。检索结果按国际专利分类（IPC 分类）、发布专利的国家和组织、专利申请的日期分类。

（五）中国科技成果数据库

中国科技成果数据库的英文名称为 China Scientific & Technological Achievements Database，简称 CSTAD。题录资源，主要收录了国内的科技成果及国家级科技计划项目。由《中国科技成果数据库》等十几个数据库组成，总计 77 余万项，内容涉及自然科学的各个学科领域，每月更新。

（六）中国法律法规数据库

中国法律法规数据库的英文名称为 China Laws & Regulations Database，简称 CLRD。全文资源，收录自 1949 年新中国成立以来全国各种法律法规 53 余万条。内容不但包括国家法律法规、行政法规、地方法规，还包括国际条约及惯例、司法解释、案例分析等。

该数据库提供简单检索和高级检索两种检索方式，可以通过标题、颁布部门、发文文号、颁布日期、实施日期、效力级别、时效性、内容分类、全文等检索项进行检索。检索结果按内容、效力级别、法律法规的颁布日期分类。

（七）中外标准数据库

中外标准数据库的英文名称为 Wanfang Standards Database，简称 WFSD。题录资源，综合了由国家技术监督局、建设部情报所、建材研究院等单位提供的相关行业的各类标准题录。包括中国行业标准、中国国家标准、国际标准化组织标准、国际电工委员会标准、美国国家标准学会标准、美国材料试验协会标准、美国电气及电子工程师学会标准、美国保险商实验室标准、美国机械工程师协会标准、英国标准化学会标准、德国标准化学会标准、法国标准化学会标准、日本工业标准调查会标准等 29 万多条记录，每月更新，是广大消防产品生产企业及消防教学科研人员从事生产经营、科研教学工作不可或缺的宝贵信息资源。

该数据库提供简单检索和高级检索两种检索方式，可以通过标准名称、标准编号、发布单位、发布日期、实施日期、标准状态、开本页数、采用关系、中图分类号、中国标准分类号、国际标准分类号、国别等检索项进行检索。检索结果按中国标准分类（CCS 分类）、标准的类型、标准发布的日期分类。

（八）中国机构数据库

中国机构数据库的英文名称为 China Institution Database，简称 CIDB。题录资源，始建于 1988 年，是在《中国企业、公司及产品数据库》的基础上扩展的数据库系统，由《中国企业、公司及产品数据库》、《中国科研机构数据库》、《中国科技信息机构数据库》、《中国中高等教育机构数据库》4 个数据库组成，收录了 20 多万家企业机构、科研机构、信息机构和教育机构的详尽信息，分别针对各类机构的特点进行分类导航，并整合了各类机构的科研产出（包括发表论文、承担科技成果、申请专利、起草标准）和媒体报道情况，对获取、了解与分析相关机构的社会信用、科研能力、经营状况、发展方向等情况，可以起到重要的作用，数据每月更新。

《中国企业、公司及产品数据库》（简称 CECDB），始建于 1988 年，现收录有 50 余个主要行业的超过 18 万家企业的详尽信息及科技研发信息，是国内外工商界了解中国企业市场的一条捷径。社会各界人士可以通过该库了解中国消防产品生产企业情况。

《中国科研机构数据库》（简称 CSI），始建于 1990 年，收录了国内 1 万多家科研机构的详细信息，其中包括作为国家科技创新体系建设重要组成部分的国家重点实验室、国家工程技术研究中心的科研成果、专利及进展中的课题等信息，是了解消防科研机构情况的重要途径。

《中国科技信息机构数据库》（简称 CSTII），是一个全面介绍我国各科技信息机构和高校情况、单位业务状况的数据库，是各单位之间沟通业务往来和促进业务合作所必备的检索查询平台，也是我国各级科委和科技信息主管部门掌握与了解我国科技信息事业全貌的有效工具。

《中国中高等教育机构数据库》，全面收集国家公布的有招生资格的高校信息，并辅以部分中等专业学校。内容包括了学校的专业设置、重点学科、研究机构、通信方式等，客观反映了各高校的人才培养和学术研究情况，是学生择校和了解高校现状的重要参考工具。

（九）外文文献数据库

外文文献数据库包括外文期刊论文和外文会议论文，收录论文2358 万篇。外文期刊论文是全文资源，收录了 1995 年以来世界各国出版的 20900 种重要学术期刊，部分文献有少量回溯。每年增加论文约百万余篇，每月更新。外文会议论文是全文资源。收录了1985 年以来世界各主要学（协）会、出版机构出版的学术会议论文，部分文献有少量回溯。每年增加论文约 20 余万篇，每月更新。

（十）中国专家数据库

中国专家数据库英文名称为 China Experts & Scholar Database，简称 CESD。收录了国内自然科学技术领域的 1 万多个专家名人信息，介绍了各专家在相关研究领域内的研究内容及其所取得的进展，为国内外相关研究人员提供检索服务，有助于用户掌握相关研究领域的前沿信息。该数据库主要包括：姓名、性别、工作单位、工作职务、教育背景、专业领域、研究方向、研究成果、专家荣誉、获奖情况、发表的专著和论文等 30 多个字段。

（十一）中国学者博文索引库

中国学者博文索引库英文名称为 Wanfang BlogIndex Database，简称 WFBID，收录国内 1100 万个学者的最新动态、最新研究领域、分享学术成果情况。

（十二）中国特种图书数据库

中国特种图书数据库英文名称为 China Special Books Database，简称 CSBD，收录新方志、专业书、工具书等特种图书 5 万余种，内容涵盖各学科领域。

三、数据库检索

万方数据知识服务平台各数据库的检索方法大致相似，下面以万方中国学位论文全文数据库的检索为例介绍万方数据知识服务平台最新检索界面。进入"万方数据知识服务平台"后，显示如图 2－4 所示的界面。

图 2-4　万方数据知识服务平台首页

万方数据知识服务平台提供简单检索、高级检索、专业检索、分类检索 4 种检索方式。

（一）简单检索

简单检索也称快速检索，该检索方式简单、方便、快捷。例如，查找学位论文，可以在进入万方数据知识服务平台首页后在检索框上部的各类数据库菜单中点击"学位论文"，然后直接在检索框中输入检索词即可。例如，需检索"防火卷帘"方面的学位论文，可以在检索字段栏中直接键入"防火卷帘"，可以得到国内高校研究生撰写的关于"防火卷帘"方面的学位论文 8 篇。

（二）高级检索

高级检索又称命令检索，是在指定的范围内，通过增加检索条件满足用户更加复杂的要求，具有较高的查全率和查准率。万方数据知识服务平台的最新高级检索界面同时可以进行跨库检索。具体步骤：

第一步，点击万方数据知识服务平台首页的"高级检索"后进入高级检索界面。

第二步，选择检索数据库范围。页面左侧是万方的 14 个数据库，可在数据库前的小方框点击选择 1~14 个要检索的数据库进行单库检索或者跨库检索。

第三步，在字段栏中主题、题名或关键词、题名、创作者、作者单位、关键词、摘要、日期、学位—专业、学位—学位授予单位、学位—导师、学位—学位共12个选项中选择一项，并在后面的空格中输入检索词。

第四步，在匹配模式中选择"精确"或"模糊"，在"或"、"非"、"与"3个逻辑选项中选择一项，在时间范围中选定检索时间范围。

第五步，检索。点击"检索"按钮，即可获得检索结果。

例如，需检索南京理工大学的研究生撰写的关于"灭火剂"方面的学位论文，可以在检索字段栏中选择题名，在检索词栏中键入"灭火剂"，逻辑选项中选择"与"，匹配模式栏目中选择"精确"，可以得到南京理工大学研究生撰写的关于"灭火剂"方面的学位论文8篇。

（三）专业检索

专业检索比高级检索功能更强大，但需要检索人员根据系统的检索语法编制检索式进行检索。适用于熟练掌握检索语言的专业检索人员。例如，需武汉理工大学研究生的关于"高空消防车"的相关论文，可以在检索栏中写出如下表达式：题名——（高空消防车）和学位授予单位——（武汉理工大学），点击"检索"键即可获得武汉理工大学的关于高空消防车方面的学位论文3篇。

（四）分类检索

万方数据知识服务平台提供了学科和地区分类两种分类检索。中国学位论文全文数据库的分类检索则分为学科、专业目录检索和学校所在地检索两类。用户可以根据自己的需要查找所需学位论文所在学科专业获得相关数据，也可以查找需要的学校的学位论文。例如，需要查找我国消防教学、科研重要基地的中国科学技术大学的学位论文，可以点击"安徽"，得到安徽有研究生学位授予权的大学名录，从中选择"中国科学技术大学"，则可以得到17201条检索结果。

四、检索结果的浏览与阅读

(一)检索结果的浏览

万方数据知识服务平台检索结果浏览页面提供了多种功能。

一是提供了"精简模式"、"详细模式"两种浏览界面。进入"精简模式"界面,检索结果列表逐条显示论文的篇名、来源数据库、作者、发表时间、作者所在学校、学科信息;"详细模式"界面详尽显示论文的篇名、被引次数、来源数据库、作者、发表时间、作者所在学校、学科、摘要、关键词等信息,还提供了查看全文、下载全文、引用通知功能。

二是检索结果的排序,简单检索方式的检索结果提供了"相关度优先"、"新论文优先"、"经典论文优先"3 种排序方式,高级检索方式的检索结果提供了相关度、新论文两种排序方式。

三是检索结果显示数量,提供了 10 条、20 条和 50 条 3 种浏览方式。

四是提供了学科分类、发表年份、相关学者浏览模式。用户可以清楚地看到所检索文献的学科、年度分布情况,根据需要可以点击查看需要学科、年份、作者的文献。

五是右侧窗口提供了所检索文献的高频关键词、相关词。

(二)检索文献的下载与阅读

用户根据需要选择好恰当的浏览界面后,点击所需文献篇名,可以得到文献的题录文摘信息;点击文献篇名下查看全文或者下载全文键则可以阅读或者下载所需文献。万方数据知识服务平台的各类文献均采用 PDF 格式,阅读相关文献需下载安装相关软件方可进行文献原文阅读(见图 2 - 5)。

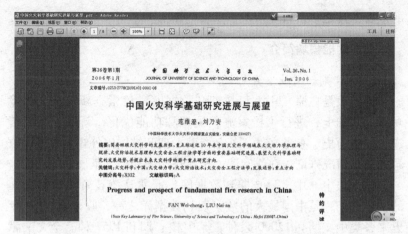

图2-5　万方数据知识服务平台全文阅读界面

第三节　维普期刊资源整合服务平台

一、概述

维普期刊资源整合服务平台，又称维普网、"维普资讯网"，是重庆维普资讯有限公司2010年开发推出的一站式检索及服务平台，是一个由单纯提供信息服务过渡延伸到提供深层次知识服务的整合服务系统。维普期刊资源整合服务平台在中文科技期刊数据库、中文科技期刊数据库（引文版）、中国科学指标数据库、外文科技期刊数据库等产品的基础上提供"期刊文献检索"模块、"文献引证追踪"模块、"科学指标分析"模块和"搜索引擎服务"模块共4个功能模块的服务。维普期刊资源整合服务平台已被我国高等院校、公共图书馆、科研机构广泛采用，受到国内图书情报界的广泛关注和普遍赞誉，成为高校图书馆文献保障系统的重要组成部分，也是科研工作者进行科技查证和科技查新的必备数据库，是公安消防部队、消防科研机构、教学院校以及社会各界查找消防文献的重要工具之一。

二、功能模块简介

（一）"期刊文献检索"模块

该模块是在原《中文科技期刊数据库》检索查新及全文保障功能的基础上，进行了检索流程梳理和功能优化，新增了文献传递、检索历史、参考文献、基金资助、期刊被国内外知名数据库收录的最新情况查询、在线阅读、全文快照、相似文献展示等功能。

该模块中《中文科技期刊数据库》是重庆维普资讯有限公司的主导产品，是中国最大的数字期刊数据库之一，收录自 1989 年以来各类中文期刊 12000 余种，其中核心期刊 1957 种。全文文献总量达 3300 万篇，采用国际通用的高清晰的 PDF 全文数据格式。整个数据库分全文版、文摘版、引文版 3 个版本，共有社会科学、自然科学、工程技术、农业科学、医药卫生、经济管理、教育科学、图书情报 8 个专辑，内容涉及现有各个学科。实现对任意字段、题名或关键词、题名、关键词、文摘、作者、第一作者、机构、刊名、分类号、参考文献、作者简介、基金资助、栏目信息共 14 个字段进行检索，并可实现各个字段之间的组配检索。数据库提供基本检索、传统检索、高级检索、期刊导航、检索历史 5 大检索方式。

（二）"文献引证追踪"模块

该模块是维普期刊资源整合服务平台的重要组成部分，属于文摘和引文索引型数据库，该模块采用科学计量学中的引文分析方法，对文献之间的引证关系进行深度数据挖掘，除提供基本的引文检索功能外，还提供基于作者、机构、期刊的引用统计分析功能，可广泛用于课题调研、科技查新、项目评估、成果申报、人才选拔、科研管理、期刊投稿等用途。该功能模块现包含维普所有的中文科技期刊数据，引文数据回溯加工至 2000 年，除帮助用户实现强大的引文分析功能外，还采用数据链接机制实现到维普资讯系列产品的功能对接，提高了资源利用效率。

（三）"科学指标分析"模块

该模块是动态连续分析型事实数据库，提供 3 次文献情报加工的知识服务，通过引文数据分析揭示国内近 200 个细分学科的科学发展趋势、衡量国内科学研究绩效，有助于显著提高用户的学习研究效率。该功能模块运用科学计量学有关方法，以维普中文科技期刊数据库近 10 年的千万篇文献为计算基础，对我国近年来科技论文的产出、影响力及其分布情况进行客观描述和统计。从宏观到微观，逐层展开，分析了省市地区、高等院校、科研院所、医疗机构、各学科专家学者等的论文产出和影响力，并以学科领域为引导，展示我国最近 10 年各学科领域最受关注的研究成果，揭示不同学科领域中研究机构的分布状态及重要文献产出，是致力于为用户提供具有高端分析价值的精细化产品，专门为辅助科研管理部门、科研研究人员等了解我国的科技发展动态而倾力打造，适用于课题调研、科技查新、项目评估、成果申报等用途。该模块采用数据链接机制实现到维普资讯系列产品的功能对接及定位，显著提高资源利用的效率。

（四）"搜索引擎服务"模块

该模块是一个基于谷歌和百度搜索引擎为机构用户提供有效拓展的支持工具，既是灵活的资源使用模式，也是图书馆服务的有力交互推广渠道。

三、登录与检索方法

访问维普期刊资源整合服务平台，用户可以通过互联网在地址栏中直接输入以下网址登录访问：http：//lib. cqvip. com，机构用户也可以通过单位图书馆的资源导航登录访问（见图 2-6）。

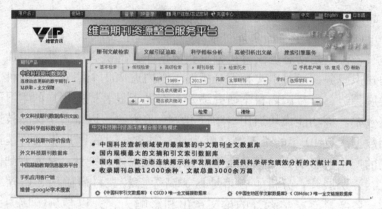

图 2-6 维普期刊资源整合服务平台首页

这里介绍常用的"期刊文献检索"模块的使用方法，该模块提供基本检索、传统检索、高级检索、期刊导航、检索历史 5 种检索方式。

（一）基本检索

1. 检索方法

基本检索也称快速检索，是一种简单快捷的中文期刊文献检索方式，在选定时间范围、期刊范围、学科范围、检索途径和逻辑组配后，直接输入检索词点击搜索就可执行检索工作并进入结果页面。时间范围是 1989~2013 年；期刊范围包括核心期刊、EI 来源期刊、SCI 来源期刊、CA 来源期刊、CSCD 来源期刊、CSSCI 来源期刊共 6 种；学科范围包括管理学、教育学、经济学等 45 个学科；检索途径提供任意字段、题名或关键词、题名、关键词、文摘、作者、第一作者、机构、刊名、分类号、参考文献、作者简介、基金资助、栏目信息 14 个检索入口。基本检索可以增加多个检索框输入检索条件做由上至下的组配检索，比较简单实用。

例如，需检索查找"轰燃"、"模拟"相关论文，只需在两个检索框中分别输入"轰燃"和"模拟"，在逻辑关系选项中选择"与"，在字段栏中选择"题名"，其他选项选择默认选项，即全部选项，点击"检索"键，即可获得 17 条检索结果。

2. 浏览检索结果

在基本检索结果页可以进行如下操作：

显示信息：检索式、检索结果记录数、检索结果的题名、作者、出处、基金、摘要，其中出处字段增加期刊被国内外知名数据库收录最新情况的提示标识，有助于判断文献的重要性；

按时间筛选：限定筛选 1 个月内、3 个月内、半年内、1 年内、当年内发表的文献；

导出题录：选中检索结果题录列表前的复选框，点击"导出"，可以将选中的文献题录以文本、参考文献、XML、NoteExpress、Refworks、EndNote 的格式导出；

查看细览：点击文献题名进入文献细览页，查看该文献的详细信息和知识节点链接；

获取全文：点击"下载全文"、"文献传递"、"在线阅读"按钮将感兴趣的文献下载保存到本地磁盘或在线进行全文阅读，其中新增原文传递的全文服务支持，对不能直接下载全文的数据，通过委托第三方社会公益服务机构提供快捷的原文传递服务；

检索：可以进行重新检索，也可以在第一次的检索结果基础上进行二次检索（包括在结果中检索、在结果中添加、在结果中去除 3 种方式），实现按需缩小或扩大检索范围、精炼检索结果；

页间跳转：检索结果每页显示 20 条，如果想在页间进行跳转，可以点击页间跳转一行的相应链接，如首页、数字页、下 10 页等；

整合服务：切换标签到"被引期刊论文"等，链向"文献引证追踪"功能，快速检索到最有影响力的相关研究论文。

3. 文献细览

在文献细览页可以进行如下操作：

显示信息：题名、作者、机构地区、出处、基金、摘要、关键词、分类号、全文快照、参考文献、相似文献；

路径导航：显示并定位到该文献的刊期；

获取全文：同样在文献细览页也可点击"下载全文"、"文献传递"、"在线阅读"按钮将感兴趣的文献下载保存到本地磁盘或在线进行全文阅读，其中新增原文传递的全文服务支持，对不能直接下载全文的数据，通过委托第三方社会公益服务机构提供快捷的原文传递服务；

节点链接：通过作者、机构地区、出处、关键词、分类号、参考文献、相似文献提供的链接可检索相关知识点的信息；

整合服务："高影响力作者"、"高影响力机构"、"高影响力期刊"、"高被引论文"按钮链向"科学指标分析"模块的相应页面。

4. 文献阅读

维普期刊资源整合服务平台的各类文献均采用 PDF 格式，阅读相关文献需下载安装相关软件方可进行文献原文阅读。

（二）传统检索

在数据库检索首页，通过点击"传统检索"，即可进入传统检索页面。用户可根据自己的实际需求选择检索途径，输入检索式进行检索。为控制检索范围，设置了学科类别限制、期刊类型限制和数据年限限制等功能。

学科类别限制：分类导航系统是参考《中国图书馆分类法》进行分类的，每一个学科分类都可以按树形结构展开，利用导航缩小检索范围，进而提高查准率和查询速度。

期刊类型限制：期刊类型分全部期刊、核心期刊和重要期刊 3 种。用户可以根据检索需要来设定合适的类型以获得更加精准的数据。

数据年限限制：数据收录年限从 1989 年至今，检索时可进行年限选择限制。

（三）高级检索

维普高级检索提供了向导式检索和直接输入检索式检索两种方式供用户选择使用。高级检索的浏览检索结果和文献细览与基本检索相同。

1. 向导式检索

向导式检索为用户提供了分栏式检索词输入方法。用户可选择"并且"、"或者"、"不包含"3 种逻辑运算,"模糊"和"精确"两种匹配模式。此外还设置了扩展功能和扩展检索条件两大限定,最大限度地提高了查准率和查全率。

用户还可以根据需要点击"扩展检索条件",用时间条件、专业限制、期刊范围来进一步进行检索限制,以减小搜索范围,获得更符合需求的检索结果。

例如,检索中国人民武装警察部队学院李建华教授在《消防科学与技术》上发表的关于火灾的论文,可以在第一个检索栏检索字段中选择"题名",录入"火灾",第二个检索栏检索字段中选择"第一作者",录入"李建华",第三个检索栏检索字段中选择"机构",录入"中国人民武装警察部队学院",所有逻辑关系选项中均选择"与",点击"检索"键,可以得到两条满足上述检索条件的文献信息。

2. 直接输入检索式检索

直接输入检索式检索只要用户在检索框中直接输入逻辑运算符、字段标识等检索表达式,使用更多检索条件并对相关检索条件进行限制后点"检索"按钮即可。当检索式输入有错时,检索后会返回"查询表达式语法错误"的提示。无括号时 NOT > AND > OR(非 > 与 > 或),有括号时先括号内后括号外。括号不能作为检索词进行检索。

例如,需要检索中国人民武装警察部队学院康青春教授关于灭火方面的发文情况,可以在检索框中输入以下表达式:T = 灭火 * A = 康青春 * S = 中国人民武装警察部队学院,即可得到相关结果 6 条。

（四）期刊导航

多渠道快速定位期刊,可以做年卷期的内容浏览及相关期刊或文献的漫游。

期刊导航以期刊搜索、按字母顺序查找、按期刊学科分类查找3种搜索方式来查看所需期刊。

期刊搜索：用户如果知道刊名或 ISSN 号，在输入框中输入刊名或 ISSN 号，点击"搜索"，即可进入期刊名列表页。用户只需点击刊名即可进入期刊内容页，在期刊内容页再选择期刊年代和刊期，将显示该期刊该年该期的所有文章标题、作者等信息，点击文章标题后就可以浏览文章内容。

按字母顺序查找：检索页面上列有所有拼音字母，用户点击一个字母，即可列出以相应拼音字母为首字母的所有期刊列表。用户点击刊名即可进入期刊内容页，后续操作和期刊搜索的操作相同。

按期刊学科分类查找：用户可以根据学科分类来查找需要的期刊。点击一个学科分类后，即可列出该学科分类下的所有期刊的刊名。用户点击刊名即可进入期刊内容页，后续操作和期刊搜索的操作相同。

（五）检索历史

系统对用户检索历史做自动保存，可对检索式进行重新检索或逻辑组配检索。

第四节　超星数字图书馆

一、概述

超星数字图书馆是国家"863"计划中国数字图书馆示范工程项目，由北京世纪超星信息科技有限责任公司制作（以下简称为"超星公司"），2000 年 1 月在互联网上正式开通，它是目前中国乃至全球最大的中文网上数字图书馆。

超星公司成立于 1993 年，长期致力于纸张图文资料数字化技术开发及相关应用与推广，在国内最早提出档案资料数字化的概念，以光盘存储代替缩微胶片进行档案保存，是国内专业的数字图书馆解决方案提供商和数字图书资源供应商。1997 年超星公司把目光转向新兴的互联网，把从档案和电子出版物发展出的资料数字化技术应用于网络。1997 年 12 月超星公司将自己研制的远程图书浏览器安装到瑞得在线网站上，创立了国内首个数字图书馆。目前，超星专用图书阅览器的下载使用用户已超过 800 万，每天有 2000 余万页阅读下载，拥有近百万的读书卡用户，拥有国内外机构用户 1500 多家，占整个高校图书馆 80% 以上的市场。

北京世纪超星信息科技有限责任公司的超星数字图书馆包括超星电子图书数据库、读秀学术搜索、百链云图书馆、"名师讲坛"视频数据库、iPad 数字图书馆等产品形式。

二、数据库介绍

（一）超星电子图书数据库

超星电子图书数据库是超星数字图书馆的主打产品和核心数据库，收集了国内各公共图书馆和大学图书馆以超星 PDG 技术制作的数字图书，目前，超星已经拥有 1977 年至今的中文电子图书馆藏 230 万种，其中 2000 年后的新书有 60 万种，囊括《中国图书馆图书分类法》（简称《中图法》）全部 22 个大类，内容涉及哲学、宗教、社科总论、经典理论、民族学、经济学、自然科学总论、计算机等 51 个学科门类。

（二）读秀学术搜索

读秀学术搜索是由北京世纪超星信息科技有限责任公司推出的由海量全文数据及元数据组成的超大型数据库，采用元数据整合的多面检索技术，以数据库中 330 万种图书、10 亿页全文资料、240 万种图书原文为基础，将学校或机构图书馆自有纸质图书、电子图书、期刊、报纸、学位论文、会议论文等各种学术资源整合于同一数据库中统一检索，使用户在读秀平台上能够获取所有学术信息，既方便了用户使用，也提高了各种数据库的使用效率，提高了图书馆的管理水平、服务水平。读秀学术搜索为用户提供章节和全文检索、部分文献的原文试读，以及参考咨询服务，是一个真正意义上的学术搜索及文献服务平台。

（三）百链云图书馆

百链云图书馆是由北京世纪超星信息科技有限责任公司推出的数字图书馆专业学术搜索门户，包含海量的中外文文献数据搜索。百链云图书馆是信息时代馆际实施协调合作的一种形式，由若干有着共同目标的图书馆结成网络联盟，为共同开展服务、共同开发信息市场而实施全方位的合作的一种网络运作模式。利用百链，用户不仅可以搜索到百链云图书馆以及本单位图书馆所有的纸质、电子文献资料，还可以搜索到 700 多家图书馆的馆藏书目系统、电子书系统、中文期刊、外文期刊、外文数据库等文献资源，为用户提供了互联网搜索引擎方式的检索体验。用户可以通过网上提交文献传递申请，实时查询申请处理情况，以在线文献传递方式通过所在成员馆获取文献传递网成员单位图书馆丰富的电子文献资源。

目前，百链云图书馆拥有 4.2 亿条元数据（包括中外文图书、中外文期刊、中外文学位论文、会议论文、专利、标准等），并且数据数量还在不断增加中，百链云图书馆整合 264 个中外文数据库，330 万种中文图书书目，收录中文期刊 6889 万篇元数据，外文期刊 10898 万篇元数据，每天更新 10 万条内容。基于元数据检索的搜索引擎大大提高了检索速度和检索准确率。通过百链云图书馆查询和传递，中文资源的传递满足率可以达到 96%，外文资源的传递满足率可以达到 90%。

（四）"名师讲坛"视频数据库

"名师讲坛"视频数据库是北京世纪超星信息科技有限责任公司推出的教学视频数据库，课题设置紧密结合大学基础课程，目前囊括了哲学、宗教、社会学、政治、文化科学、文学、艺术、历史等数十个社会学科，包括 3800 部报告片、共 12000 集的高品质视频资料库，蕴藏了来自 14 个研究所的数百位知名学者多年的授课视频资料。

（五）iPad 数字图书馆

iPad 数字图书馆是北京世纪超星信息科技有限责任公司开发的基于 iPad 平台的超星数字图书馆。作为一种多媒体移动设备，iPad 集成了笔记本电脑、电子书、视频、有线设备、手机、电子相框等多种电子设备的功能，iPad 数字图书馆可使用户随时随地地登录超星数字图书馆。

超星 iPad 数字图书馆主要包括：云图书馆、超星电子图书、超星学术视频 3 大功能，采用云图书搜索引擎，可检索的元数据达 2.7 亿条，囊括 416 万种中外文图书、9953 万篇中外文期刊、668 万篇博（硕）士论文、1481 万条中外文专利、54 万条中外文标准。超星学术视频包含超星自主拍摄制作的视频超过 35000 部，囊括了哲学、宗教、社会学、政治、文化学科、文学、艺术、历史等系列。该视频课程分别由 2000 多位国内外名师主讲，讲授形式包括课堂教学、专题讲座及大师系列。

三、数据库检索

以下介绍超星读书（超星网）和读秀学术搜索（百链云图书馆）的检索使用方法。

（一）超星读书（超星网）的检索方法

超星读书（超星网）提供超星电子图书、超星视频等文献资料的服务，有互联网远程访问、镜像访问两种服务和产品形式。

1. 互联网远程访问形式

互联网用户在网址栏中输入以下地址即可访问：http：//book. chaoxing. com/或者 http：//www. chaoxing. com/。个人用户可以购买超星的读书卡，通过互联网访问、查找、阅读超星电子图书数据库，机构和单位用户可以采取包库形式购买一定时间段内超星电子图书数据库的访问权，机构和单位用户可以在本单位 IP 段范围内免费访问超星电子图书数据库。

超星读书（超星网）互联网页面只提供简单检索一种检索方

式。用户先从图书、视频、资料3个数据库中选择一种，然后从检索栏下方提供的检索途径中选择一项，然后在检索框中输入检索词，即可获得检索结果。

例如，需要检索防火相关的电子图书，可以在数据库栏中选择"图书"，然后在检索途径中选择"书名"，在检索栏中输入"防火"，即可获得46条检索结果。在检索结果浏览界面中，用户可以在页面左侧看到按照学科类别归类的检索结果，用户还可以自行设定检索结果排序。每条检索结果均显示图书封面、名称、作者、出版时间、页码、简介、主要章节读者评价等级等信息。点击检索到的图书名称或者封面即可获得关于该书的详细信息。用户如果需要阅读该书，可以有网页阅读和阅读器阅读两种方式，如果用户选择阅读器阅读方式，则需要下载安装超星专用阅读软件（见图2-7）。

图2-7　超星数字图书阅读界面

2. 镜像访问形式

一般为机构用户采用，图书馆等机构用户向超星公司购买一定数量的镜像版电子书安装在本地服务器，用户通过图书馆等机构网站随时访问数据库（见图2-8），机构用户可以永久持有、使用所购买的电子书，但只能在本机构内访问使用。

图2-8 超星电子图书镜像版首页

镜像版超星电子图书数据库提供了快速检索和高级检索两种检索方式。

快速检索方式页面下，用户应在书名、作者、主题词3个检索字段中选择一个，然后对图书分类进行选择，最后点击"检索"键，即可获得所需要的图书。

例如，在中国人民武装警察部队学院图书馆检索消防相关的著作，可以先选定"书名"字段和"全部分类"类别，然后在检索栏中录入"消防"，点击"检索"键，可以得到77本消防相关的图书。如需要阅读某本图书，可以直接点击书名阅读。阅读超星数字图书一般需要下载超星专用阅读浏览器。

高级检索方式下，有 3 个检索栏，用户可以选择 1 ~ 3 个检索栏，选择好检索字段，还可以设定检索图书的出版时间、检索结果的浏览顺序、每页显示数量，然后点击"检索"键即可获得检索结果。例如，需要查找"朱力平"关于"灭火"的图书，按照上面的程序设置好检索条件，输入检索词后，点击"检索"键可以检索到公安部消防局副局长朱力平撰写的 15 本消防方面的图书。

（二）读秀学术搜索（百链云图书馆）的检索使用方法

读秀学术搜索（百链云图书馆）为广大图书馆读者提供了良好的学术搜索及文献服务平台，读秀学术搜索和百链云图书馆的访问界面几乎一致，并且两个平台可以根据用户的文献需求随时切换。读者可以通过校园网上的电子资源导航直接进入，互联网用户可以通过登录以下网址登录：http：//www. duxiu. com/login. jsp 或者 http：//www. blyun. com/login. jsp。机构用户（机构用户、读秀卡用户、假期账号用户）的读者可以通过输入账号和密码在本机构 IP 段外的电脑上登录漫游访问（见图 2 - 9），非机构用户（读秀卡用户、实名认证用户）可以按照所购买的读秀卡上提供的账号和密码信息登录访问。

读秀学术搜索提供简单检索、高级检索、专业检索、分类导航 4 种检索方式。

1. 简单检索

读秀学术搜索下图书、期刊论文等的检索模式基本相同，下面以图书检索为例介绍简单检索的基本方法和程序。简单检索模式下用户先从图书、期刊、报纸、学位论文、会议论文、视频等 25 种文献类型中选择图书，然后从检索栏下方提供的全部字段、书名、作者、主题词、丛书名、目次共 6 种检索途径中选择一个检索字段，在模糊、精确两种检索模式中选择一种，然后在检索框中输入检索词，点击"中文检索"或者"外文检索"即可获得检索结果。简单检索方式下条件设定项较少，方便快捷，但检索结果较多，读秀学术搜索提供了二次检索，在检索结果页面中继续输入检索词，

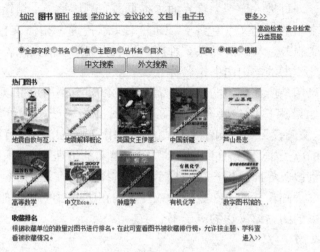

图2-9 读秀学术搜索（百链云图书馆）首页

点击"在结果中搜索"键即可。

例如，检索书名中含有"消防"的中文图书信息，先在检索文献类型中选择"图书"，然后在检索途径中选择"书名"，在检索模式中选择"精确"，然后在检索框中录入"消防"，最后点击"中文检索"，可以检索到1470本中文图书。

在检索结果浏览界面中，左侧是按照图书出版时间、所属学科、作者以及是否是本馆藏书进行分类，并显示每类图书的数量，用户可以点击所需要的类别进行浏览，右侧是与检索词相关的期刊、报纸、会议论文等类型文献的检索结果。检索结果的排序方式有默认、书名、作者、时间升序、时间降序、访问量、个人收藏量、单位收藏量、引用量、点评量、电子馆藏和本馆馆藏共12种选项。页面中间主体部分显示了检索到的每本图书的封面图片、书名、阅读方式、作者、总页数、出版日期、ISBN号、主题词、分类、点评等级等多种信息。

用户如需要了解每本图书的详细信息可以点击图书封面图片或者书名，即可进入详细浏览界面。本页面右侧显示了本馆馆藏纸质图书、本馆电子全文（包库）、图书馆文献传递、相似文档下载、按需印刷服务、文献互助共6种用户获取所选图书的方式，还显示了拥有此藏书的国内图书馆名称。

如果用户所在单位购买了所需图书的纸质本，用户可以到书库借阅，如果用户所在单位购买了所需图书的电子书，可以点击"包库全文阅读"，进入阅读模式。如果用户所在单位没有购买所需图书的电子书，用户可以点击"图书馆文献传递"，进入图书馆参考咨询服务界面，用户按照提示要求选择需要的文献内容，填写本人的电子邮箱，即可在数小时或几天内在所填写的邮箱内获得有此电子书的图书馆发送的电子书全文。

2. 高级检索

单击读秀学术搜索首页页面中的"高级检索"即可进入高级检索界面，如检索期刊论文，可以在检索途径栏中选择好检索字段，设定好文献时间范围、卷期号、搜索结果排序方式和显示数量等，然后在一个或几个检索栏中输入检索词，点击"高级搜索"，即可获得检索结果。

高级检索的检索结果浏览页面、图书阅读界面与简单检索一致。

例如，需检索"fire"和"detection"相关外文期刊论文，按照上述方法设定好检索条件后，在两个检索框中输入"fire"和"detection"，两个检索框之间的逻辑选项中选择"与"，点击"高级搜索"，即可获得900篇相关外文学术论文信息。

3. 专业检索

专业检索方式下，用户必须根据系统的检索语法规定编写检索式进行检索，适用于熟练掌握检索技术的专业检索人员。例如，需检索中国科技大学范维澄院士撰写的关于"火灾"、"模拟"的相关论文，可以在检索栏中列出下列检索式：T＝火灾＊T＝模拟＊A＝范维澄＊S＝中国科技大学，即可获得中国科学技术大学范维澄院士撰写的关于火灾模拟方面的论文 13 篇。

4. 分类导航

读秀学术搜索平台中的图书数据库提供分类导航检索，用户在首页选择图书数据库后，点击"分类导航"即可进入分类导航页面，用户可以根据需要按照系统提供的各学科门类逐层选择，找到所需要的图书。例如，需要查找高层建筑防火相关的图书，可以按照"工业技术—建筑科学—高层建筑"的路径逐层挑选可以找到高层建筑相关文献 404 篇，其中有少数高层建筑防火的图书。此种检索方式只能作为了解某学科类别图书数量情况的方法，查找结果既不全也不准。

第五节 北大法宝

一、概述

北大法宝中文法律数据库是由北大法制信息中心、北大法律翻译研究中心、北大英华公司于 1985 年共同研发推出的智能联想型法律信息一站式检索平台。2010 年，北大法宝在原有的 4 个数据库的基础上，全新推出北大法宝 V5 版在线服务，增加法律动态、案例报道、案例深加工等内容，创立了"北大法宝引证码"，并跟进互联网发展趋势，提供检索、聚类、关联、个性化服务等最新研发成果，内容和功能上都有很大的提升。目前，北大法宝已发展成为包括"法律法规"、"司法案例"、"法学期刊"、"专题参考"、"英文译本"在内的 5 大检索系统，全面涵盖中国法律法规、司法案例、法学期刊、英文译本、专题参考 5 大部分内容，数据总量100 万余篇，每年更新量 20 余万篇，是消防各级执法部门工作人员和消防相关科研机构、院校的教学科研人员，社会各界人士查阅法律文献的重要途径。

二、数据库简介

(一) 中国法律法规检索系统

收录自 1949 年起至今的法律法规，内容不断更新，包括中央法规司法解释、地方法规规章、合同与文书范本、港澳台法律法规、中外条约、外国法律法规、法律动态、立法背景资料等，满足一站式查询法律法规的需求。平均每日更新 200 余篇法律法规，帮助用户及时了解最新的法律法规动态。

(二) 司法案例检索系统

全面精选收录我国大陆法院的各类案例，根据用户需求提供全方位检索、导航功能，并且对案例进行了深加工（包括提炼核心术语、争议焦点、案例要旨等），极大提高了案例的参考价值。司法案例时时更新，平均每日更新案例 100 余篇，帮助用户了解最新的司法案例。

(三) 法学期刊检索系统

收录国内法学类核心期刊全文和目录、法律期刊全文和目录，是国内覆盖年份最完整、更新最快、使用最便捷的专业法学期刊数据库。

(四) 专题参考检索系统

从审判实务出发，专题精选了 20 个实用性强的法律门类，通过将法律条文主旨和法律实务中的疑难问题提炼出"法律点"，经权威专家精辟分析，简明扼要地阐明法理，指出法律实务过程中应注意的问题，内容涵盖裁判标准、实务专题、法学文献、法律年鉴、法学教程等，对消防执法人员以及法律从业人员工作很有借鉴意义。

(五) 英文译本检索系统

为用户提供中国法律法规（Laws & Regulations）、案例（Cases）、中外税收协定（Tax Treaties）、公报（Gazettes）、法律新闻

（Legal News）、法学期刊（Journals）等中国法律信息的英文译本，内容涉及行政、民事、刑事、经济、知识产权和海事等多个领域，方便用户浏览和下载英文版案例。所有英文译本均与中文法律文本相对照，可同时同步进行中英文双版本浏览。

三、数据库的检索与利用

访问北大法宝，用户可以通过互联网在地址栏录入以下网址点击登录访问：http://vip.chinalawinfo.com/。机构用户可以通过图书馆资源导航进入（图2-10）。以下以中国法律法规检索系统为例介绍北大法宝的检索与利用。法律法规检索系统有快速检索和高级检索两种检索方式。

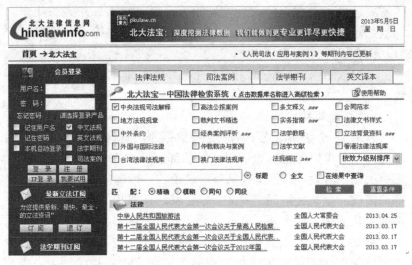

图2-10　北大法宝首页

（一）快速检索

快速检索提供标题和全文两种检索途径，提供精确、模糊、同句、同段共4种匹配模式。首先在检索框上面提供的中央法规司法解释、地方法规规章、外国与国际法律、香港法律法规库、台湾

"法律法规库"、澳门法律法规库、高法公报案例、条文释义、合同范本、裁判文书精选、实务指南、法律文书样式、中外条约、经典案例评析、法学教程、立法背景资料、仲裁裁决与案例、法学文献共18个数据库中选择好要查找的范围，然后确定检索途径和匹配模式，在检索栏中输入检索词，点击"检索"即可获得所需文献。快速检索往往结果较多，如需进一步缩小检索范围，可以进行二次检索，只需再次进行检索设定，点击"在结果中查询"，输入检索词，点击"检索"即可获得所需文献。

例如，需要在"中央法规司法解释"和"地方法规规章"中检索"消防"相关法律法规，按照上述检索程序做出检索条件限定后，在检索栏中录入"消防"一词，即可获得4977条结果。如果需要进一步查找消防监督管理相关文献，只需在检索栏中录入"监督管理"，点击"在结果中查询"，再点击"检索"即可获得119条结果。

在检索结果中如果想浏览"消防产品监督管理规定"，点击即可查阅全文。

（二）高级检索

点击18个法律法规子库中任一数据库名称即可进入高级检索界面。用户可以先对发布部门、批准部门、法规分类、实施日期、效力级别、时效性、匹配模式等检索条件进行选择限定，然后在标题关键词、全文关键词、发文字号、发布日期几个检索栏中选择一项或者几项输入检索词，点击"检索"键，即可获得所需结果。

例如，需在"中央法规司法解释"库中查找公安部发布的关于"防火"的有关法律法规，按照上述程序进行检索，可以得到17条结果。

第六节 中国科学引文数据库

一、概述

中国科学引文数据库（Chinese Science Citation Database，简称 CSCD）创建于 1989 年，收录我国数学、物理、化学、天文学、地学、生物学、农林科学、医药卫生、工程技术、环境科学和管理科学等领域出版的中英文科技核心期刊和优秀期刊千余种，目前已积累从 1989 年到现在的论文记录 3604277 条，引文记录 37071734 条。

中国科学引文数据库是我国第一个引文数据库，曾获中国科学院科技进步二等奖。1995 年 CSCD 出版了我国第一本印刷本《中国科学引文索引》，1998 年出版了我国第一张中国科学引文数据库检索光盘，1999 年出版了基于 CSCD 和 SCI 数据，利用文献计量学原理制作的《中国科学计量指标：论文与引文统计》，2003 年 CSCD 上网服务，推出了网络版，2005 年 CSCD 出版了《中国科学计量指标：期刊引证报告》。2007 年中国科学引文数据库与美国 Thomson – Reuters Scientific 合作，中国科学引文数据库以 ISI Web of Knowledge 为平台，实现与 Web of Science 的跨库检索，中国科学引文数据库是 ISI Web of Knowledge 平台上第一个非英文语种的数据库。

中国科学引文数据库分为核心库和扩展库，数据库的来源期刊每两年评选一次。核心库的来源期刊经过严格的评选，是各学科领域中具有权威性和代表性的核心期刊；扩展库的来源期刊经过大范围的遴选，是我国各学科领域优秀的期刊。中国科学引文数据库（2010~2012 年）共遴选了 1124 种期刊，其中英文刊 110 种、中文刊 1024 种、核心库期刊 751 种、扩展库期刊 373 种。

中国科学引文数据库内容丰富、结构科学、数据准确。提供著者、关键词、机构、文献名称等检索点，满足作者论著被引，专题文献被引，期刊、专著等文献被引，机构论著被引，个人、机构发表论文等情况的检索。字典式检索方式和命令检索方式为用户留出了灵活使用数据库，满足特殊检索需求的空间。

系统除具备一般的检索功能外，还提供引文索引，用户可迅速从数百万条引文中查询到某篇科技文献被引用的详细情况，还可以从一篇早期的重要文献或著者姓名入手，检索到一批近期发表的相关文献，对交叉学科和新学科的发展研究具有十分重要的参考价值。中国科学引文数据库还提供了数据链接机制，支持用户获取全文。

中国科学引文数据库出版10多年来，依据年度数据进行统计，统计的对象涵盖机构、地区、基金资助、合作研究、人才研究、文献评价等多方面，从论文的产出力和影响力两个层面较为全面地揭示了我国自然科学领域论文产出及影响的机构和区域分布，揭示了在我国科研领域论文发表最多的学者，排列出在我国科学研究中作者引用率最高的专著和期刊。为广大用户，尤其是科研管理部门提供了一份重要的、量化的参考依据。现已成为我国科研院所、高校等机构单位推荐"中国科学院院士"、申请"国家杰出青年基金"等多项国家级奖项、人才选拔的指定查询库。

中国科学引文数据库已在我国科研院所、高等学校的课题查新、基金资助、项目评估、成果申报、人才选拔以及文献计量与评价研究等多方面作为权威文献检索工具获得广泛应用。

由于消防科学文献成果主要以理工学科为主，因此，中国科学引文数据库中收录了大量消防相关文献，该数据库既是查阅消防相关文献的重要数据源，也是消防院校和科研机构进行科研成果计量与评价等科研管理活动的主要依据之一。

二、数据库检索

用户可以通过互联网在地址栏输入以下网址登录中国科学引文数据库（见图2-11）：http：//sdb.csdl.ac.cn/。

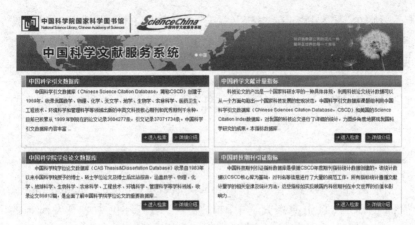

图 2-11 中国科学引文数据库首页

中国科学引文数据库包括来源文献检索和引文检索两种检索，提供简单检索和高级检索两种检索方式。来源文献检索和引文检索的检索方式基本相似，以下以来源文献检索为例介绍检索方法。

（一）简单检索

简单检索方式只需对作者、第一作者、题名、机构等检索字段进行选择，在 1 个和几个检索栏中输入检索词即可。例如，需查找"中国人民武装警察部队学院"的"徐晓楠"关于"阻燃"方面的论文，则可以在第一检索栏中输入"徐晓楠"，检索字段选择"第一作者"，第二检索栏中输入"阻燃"，检索字段选择"题名"，在第三检索栏中输入"中国人民武装警察部队学院"，检索字段选择"机构"，各检索栏之间的逻辑选项均选择"与"，点击"检索"，即可以获得 9 条结果。选择其中一条检索结果，即可了解该篇论文的引用、被引文献情况等信息。

（二）高级检索

在高级检索界面中，只需在页面下方的检索框中录入相应的检索词，点击添加，则可以在上面的检索框中看到检索表达式，点击"检索"键即可获得相应的检索结果。

例如，需检索"徐晓楠"关于"燃烧"的论文情况，只需按照上面的步骤输入检索词，形成检索表达式，点击"检索"键后，即可获得4条检索结果。

第七节　中文社会科学引文索引数据库

一、概述

中文社会科学引文索引（Chinese Social Sciences Citation Index，简称 CSSCI）是由南京大学中国社会科学研究评价中心开发研制的引文数据库，用来检索中文人文社会科学领域的论文收录和被引用情况。

中文社会科学引文索引遵循文献计量学规律，采取定量与定性相结合的方法，从全国 2700 余种中文人文社会科学学术性期刊中精选出学术性强、编辑规范的期刊作为来源期刊。目前收录包括法学、管理学、经济学、历史学、政治学等在内的 25 大类的 500 多种学术期刊，现已开发 CSSCI（1998 ~ 2013 年）15 年度数据，来源文献 100 余万篇，引文文献 600 余万篇。目前，利用 CSSCI 可以检索到所有 CSSCI 来源刊的收录（来源文献）和被引情况。

作为我国人文社会科学主要文献信息查询的重要工具，CSSCI 可以为广大用户提供以下服务：对于社会科学研究者，CSSCI 可以从来源文献和被引文献两个方面向研究人员提供相关研究领域的前沿信息以及各学科学术研究发展的脉络，通过不同学科、领域的相关逻辑组配检索，挖掘学科新的生长点，展示实现知识创新的途径；对于社会科学管理者，CSSCI 可以提供地区、机构、学科、学者等多种类型的统计分析数据，从而为制定科学研究发展规划、科研政策提供决策参考。对于期刊研究与管理者，CSSCI 提供多种定量数据：被引频次、影响因子、期刊影响广度、地域分布、半衰期等，通过多种定量指标的分析统计，可为期刊评价、栏目设置、组稿选题等提供定量依据。CSSCI 也可为出版社与各学科著作的学术评价提供定量依据。

二、检索方法

（一）登录方法

中文社会科学引文索引数据库主要提供账号和 IP 两种方式控制访问权限，用户通过互联网在网址栏录入以下网址即可访问：http：//www. cssci. com. cn/。高校等机构用户一般采用网上包库形式，用户可以在 IP 范围内登录，直接点击网页右侧的"包库用户入口"进入检索页面，或者通过图书馆提供的资源导航登录，账号用户在网页上直接填写账号密码登录进入（见图 2 – 12）。

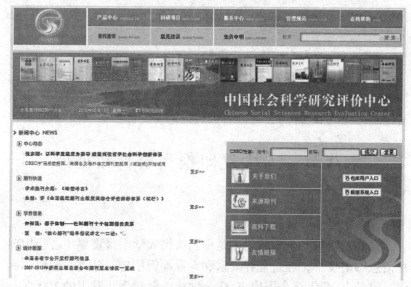

图 2 – 12 中文社会科学引文索引数据库首页

（二）来源文献检索方法

提供多个检索入口，包括：篇名、作者、作者所在地区机构、刊名、关键词、文献分类号、学科类别、学位类别、基金类别及项目、期刊年代卷期等。在 1 个或几个检索栏中输入检索词，点击"检索"即可获得检索结果。例如，需检索中国人民武装警察部队学院的段耀勇发表的关于消防的文章的引文情况，则可以在来源篇名中录入"消防"，来源作者栏中录入"段耀勇"，作者机构中录入"中国人民武装警察部队学院"，点击"检索"键，即可获得 6 条结果。点击其中的《21 世纪初中国消防发展战略研究》，可以看到该篇论文的详细引文情况。

（三）被引文献的检索

提供的检索入口包括：被引文献、作者、篇名、刊名、出版年代、被引文献细节等。其中，多个检索入口可以按需进行优化检索：精确检索、模糊检索、逻辑检索、二次检索等。检索结果按不同检索途径进行发文信息或被引信息分析统计，并支持文本信息下载。

例如，需检索中国人民武装警察部队学院的段耀勇发表的文章的被引情况，则可以在被引文献作者栏中录入"段耀勇"，点击"检索"键，即可获得 10 条结果。点击其中的《中国消防工程学科建制化问题的探讨》，可以看到该篇论文的详细被引情况。

第八节　人大复印报刊资料数据库

一、概述

人大复印报刊资料数据库是中国人民大学书报资料中心运用现代信息网络技术，经过业界专家和专业编辑精选、分类、编辑、标引，收录 1995 年至今国内 3000 余种核心报刊公开发表的 100 多个专题的人文社科学术研究成果，汇编成的人文社科信息数据库。中国人民大学书报资料中心成立于 1958 年，是国内最早从事搜集、整理、存储、编辑人文社会科学信息资料的学术出版机构。从 1995 年开始，人大复印报刊资料分 100 多个专题，每年分马列、哲学、社科总论、政治、法律 1 张盘；经济 1 张盘；文化、教育、体育 1 张盘；语言、文学、艺术、历史、地理及其他 1 张盘。从 1997 年度开始，每季度 100 多个专题全文汇于 1 张盘，一年 4 张盘。从 2002 年起推出网络版。

《复印报刊资料》人文社科信息系列数据库包含《复印报刊资料》全文库、《复印报刊资料》目录索引数据库、中文报刊资料索引数据库、《中国法律法规大典》全文数据库、《文史哲》全文数据库、《中国法律年鉴》全文数据库。

二、数据库简介

（一）《复印报刊资料》全文库

人大《复印报刊资料》全文数据库囊括了中国人民大学书报资料中心编辑出版的百余种《复印报刊资料》系列刊物的电子版，收录 1995 年以来《复印报刊资料》系列刊物的全部全文，论文选自人文科学和社会科学领域国内公开出版的 3000 多种核心期刊和报刊，该库分哲学、政治社会、法学、文艺、教育等 9 大子库，包含 148 个专题期刊，目前收录全文文献 30 余万篇。

（二）《复印报刊资料》目录索引数据库

《复印报刊资料》目录索引数据库是题录型数据库。汇集了自 1978 年至今的《复印报刊资料》各刊的全部目录，累计数据达 90 多万条。每条数据均包含多项信息，包括：专题代号、类目、篇名、著者、原载报刊名称和刊期，以及选印在《复印报刊资料》上的刊期和页次等。

（三）中文报刊资料索引数据库

中文报刊资料索引数据库是对 1978 年以来国内人文社会科学学术研究成果的累积和汇总的题录型数据库，按学科和年份形成若干子库，对全部学术文献索引进行编辑加工、科学分类，同时，通过不断更新数据，展示中国学术发展的最新研究成果。每个数据条目均包括文章的标题、作者、原发期刊名称与刊期、页码、学科归属、引文、关键词等内容，形成不同的检索点，能够实现文献数据的科学定位，具有学科齐全、信息量大、检索方便、界面友好、速度快捷等特点。

（四）《中国法律法规大典》全文数据库

"中国法律法规大典数据光盘"由中国政法大学编辑监制，电子工业出版社发行。该库收录了我国自1949年至2006年颁布的法律法规。共收录了近7万篇法规，3亿字量。数据库内容包括全国人大颁布的法律、国务院颁布的行政法规、最高人民法院和最高人民检察院司法解释、国务院各部门规章、中国加入的国际公约、中外经济协定、百余中等城市以上的地方性法规和规章。针对现有数据库双重、多重分类，不便查询的缺陷，以内容为唯一分类标准，划分为7大类：A 国家法、B 行政法、C 民法、D 刑法、E 经济法、F 国际法、G 诉讼法共7大类，并细分成78个子类。每类按人大法律、国务院法规、各部门法规和100个中等城市以上的地方法4层结构。是国内独具特色的最新编辑体系，有很高的学术价值和实用价值。

（五）《文史哲》全文数据库

由山东大学"文史哲"编辑部编辑出版的著名学术理论期刊《文史哲》，自1951年5月创刊以来，已历60多个春秋。《文史哲》一直以刊载高水平的学术文章饮誉学术界。1998年入选国家新闻出版署推出的全国百种重点社科期刊，跻身于全国15种重点学术理论期刊之列，1999年荣获国家期刊大奖，社科类49种获奖期刊中全国学报共两家，"文史哲"就是其中之一。该数据库将其60余年累计250期的全部文章（近4000万字量）汇于一张光盘之中。可按年份、刊期、年度总目录、每期目录、栏目、标题、作者、页次、标题词、任意字词、复合检索等多路径进行检索。

（六）《中国法律年鉴》全文数据库

由中国法律年鉴社编辑出版的"中国法律年鉴"自1987年创刊以来，到了2006年，近5000万字量的文献信息，以当代科技将全部内容汇于一盘，实现单机的、网络的全文任意检索。以秒级速度跨越时空，纵览全局，瞬间实现"大海捞针"，方便、快捷、实用。该数据库用每本年鉴作为一个分库，完整地再现年鉴的全部内容，每篇文献以内容分类，目录分类，标题供稿（文章作者/文章来源），发表日期，法律法规批准机构，批准日期，公布机构，公布日期，实施日期，废止日期和正文，达12个字段。实现多途径检索，尤其是通过有主题标引的索引目录检索，既快又准。

三、检索方法

用户通过互联网在网址栏中直接录入以下网址即可访问中国人民大学复印报刊资料数据库：http：//ipub. zlzx. org/。机构用户也可以通过本单位图书馆的资源导航登录（见图2－13）。人大复印报刊资料数据库提供了简单检索和高级检索两种检索方式。

图2－13 中国人民大学复印报刊资料数据库首页

（一）简单检索

需要对检索时间段进行设定，然后对标题字段、关键词、副标题、作者等检索途径进行选择，输入检索词，点击"检索"即可得到所需文献。例如，需检索 1995 年到 2013 年间标题中带有"消防"的文献，按照上述检索程序进行检索可以得到 8 篇文献，文献量很小，这与消防类文献多属于理工类，而人大报刊复印资料数据库是人文社科学术研究成果数据库有关。

点击检索结果中所需文献的标题，可以浏览文献全文。

（二）高级检索

点击简单检索栏旁边的"高级查询"键即可进入高级检索页面。高级检索是在简单检索框下增加了 6 个检索栏，用户可以对 1 个或几个检索栏的检索字段进行选择，点击"检索"键即可获得所需文献。

例如，需查找段耀勇撰写的篇名中含有"消防"的文献，只需在两个检索栏检索途径选项中各选择"标题"、"作者"，然后在检索栏中分别录入"消防"和"段耀勇"，点击"检索"键即可获得 1 条检索结果。

第九节　全国报刊索引数据库

一、概述

《全国报刊索引》月刊，前身是 1951 年 4 月由山东省图书馆编印的《全国主要资料索引》，是国内最早的中文报刊文献检索工具。1955 年 3 月改由上海图书馆编辑出版，1956 年更名为《全国主要报刊资料索引》，并在内容上开始增加了报纸部分。在 1966 年 10 月至 1973 年 9 月停刊，1973 年 10 月复刊，并改为现名《全国报刊索引》。1980 年分为"哲学社会科学版"（ISSN1005 – 6696）与"自然科学技术版"（ISSN1005 – 670X）两种，分别按月出版。1981 年起增收该馆收藏的内部刊物，使之成为检索公开发行及一部分内部发行刊物所载论文资料的重要检索工具。目前，《全国报刊索引》编辑部已拥有全文数据库、索引数据库、专题数据库和特色资源数据库4种类型数据库。

60余年来，它已由最初的《全国报刊索引》月刊，发展成集印刷版、电子版以及网站为一体的综合信息服务产品，建成了时间跨度从1833年至今的一个半世纪，每年收录全国社科、科技期刊6000多种，报纸200余种，基本覆盖全国邮发和非邮发的报刊，成为收录数据量超过3000万条的特大型文献数据库，年更新数据超过350万条。内容涉及哲学、社会科学、科学与技术方面的各个学科。条目收录采取核心期刊全收、非核心期刊选收的原则。

该索引是我国收录报刊种类最多，内容涉及范围最广，持续出版时间最长，与新文献保持同步发展的权威性检索刊物，也是查找晚清以来报刊文献资料最重要的检索工具，是查找消防相关文献重要的信息源，其最新推出的晚清、民国时期篇名和全文数据库是研究中国消防史的重要资料源。

二、数据库简介

（一）篇名数据库

1. 《晚清期刊篇名数据库》（1833~1910年）

《晚清期刊篇名数据库》（1833~1910年）收录数据40余万条，它记载了中国清末民初由封建社会向民主社会嬗变的过程，是后人了解和研究中国晚清时期政治、经济、思想、文化的一把钥匙、一个窗口。

2. 《民国时期期刊篇名数据库》（1911~1949年）

《全国报刊索引》编辑部一直致力于中国民国时期期刊的回溯整理，它以上海图书馆收藏的18000余种期刊为主体，编辑出版了《民国时期期刊篇名数据库》（1911~1949年），目前已出版篇名数据500余万条，并仍在不断回溯完善中，是研究这一时期珍贵历史史料不可多得的文献索引资料。

3. 《全国报刊索引》数据库（1950~1977年）

《全国报刊索引》数据库客观而翔实地记载了 1950~1977 年的历史事件和社会变革过程。

（二）索引数据库

《全国报刊索引》数据库始建于 1993 年，曾荣获中国文化部科技进步奖，是目前世界上最大的连续动态更新的中文报刊索引类数据库。

《全国报刊索引》数据库年收录中文报刊 10000 余种，内容涉及人文社会科学、自然科学等各个领域，涵盖了中国（包括港台地区）出版的报刊资源。《全国报刊索引》收录的数据最早可回溯至 1833 年，至今已累计收录报刊 20000 余种、文献 3000 多万篇，年更新数据量超过 350 万条。除拥有海量信息资源和完整收录年段外，《全国报刊索引》数据库还严格遵循国家相关标准，采用《中国图书馆分类法》（第四版），由篇目、标引专家对文献进行归类，具有科学的分类体系。

《全国报刊索引》数据库可为用户提供网络包库访问、开放式网络镜像站、封闭式网络镜像站、单机版光盘等多种服务模式，并可为用户提供各种类型专题数据库的定制服务，最大程度满足用户的需求。

（三）全文数据库

1. 《晚清期刊全文数据库》（1833~1911年）

晚清是中国历史上从封建社会向现代社会转变的一个特殊历史时期，这一时期的各类文献反映了当时的政治、经济、军事、外交、教育、文化、科技、宗教等各方面的内容，具有相当高的研究利用价值。晚清期刊是中国社会发展过程中的一个重要历史记录，是珍贵的文化遗产之一。

为了更好地揭示晚清期刊的学术价值和历史价值，《全国报刊索引》编辑部秉承"普及知识、传承文明"的出版理念，制作并推出了全新的数字化产品——《晚清期刊全文数据库》。该库收录了 1833～1911 年 300 余种期刊，几乎囊括了当时出版的所有期刊，拥有许多"期刊之最"。用户可从标题、作者、刊名等途径对 27 万余篇的文章进行检索并浏览、下载全文。

2.《民国时期期刊全文数据库》（1911～1949 年）

《民国时期期刊全文数据库》收录民国时期（1911～1949 年）出版的期刊两万余种，文献 1500 余万篇，内容集中反映这一时期政治、军事、外交、经济、教育、思想文化、宗教等各方面的内容。

作为历史档案的重要补充，《民国时期期刊全文数据库》具有极为重要的学术价值和史料价值，它不仅有助于再现民国时期独特的历史风貌、还原历史记忆，还丰富了报刊数字资源，方便了广大用户进行关于民国历史学术研究。

三、数据库检索

用户通过互联网在网址栏中直接录入以下网址即可访问全国报刊索引数据库：http：//www. cnbksy. com/shlib_ tsdc/index. do。机构用户也可以通过本单位图书馆的资源导航登录（见图 2－14）。全国报刊索引数据库提供了简单检索、高级检索、专业检索 3 种检索方式。

（一）简单检索

进入检索页面后，需要对检索时间段进行设定，然后对题名、作者、全字段等检索途径进行选择，输入检索词，点击"检索"即可得到所需文献。例如，需检索 1833 年到 2013 年间题名中带有"消防"的文献，按照上述检索程序进行检索可以得到 1099 篇文献。点击其中第一条"消防"，可以浏览于 1937 年发表在《邮协月刊》第 5 卷第 4 期第 70 页的一篇题名为"消防"的文章的详细信息，点击"下载"键可进行全文阅读。

（二）高级检索

高级检索有两个检索栏，用户可以根据需要点击"＋"号键

图 2 - 14　全国报刊索引数据库首页

增加检索框，对 1 个或几个检索栏的题名、作者、作者单位、刊名等检索字段进行选择，点击"检索"键即可获得所需文献。

例如，需查找防火方面的文献，只需在检索栏检索途径选项中各选择"标题"，然后在检索栏中分别录入"防火"，点击"检索"键即可获得 277 条检索结果。点击第一篇湘岭氏 1877 年发表于《格致汇编》的《防火论》后面的"下载"键可以下载并阅读文献全文（见图 2 - 15）。

图 2 - 15　全国报刊索引数据库阅读界面

（三）专业检索

在检索框中录入检索表达式，点击"检索"键即可获得所需结果。例如，需查找题名中含有"灭火"的相关文献，只需在检索框中录入"T＝灭火"，点击"检索"键即可获得 223 条检索结果，点击第一篇后面的"下载"键，即可下载阅读 1942 年发表于《每月科学》第 2 卷第 6 期的《简易灭火弹灭火粉自制法》一文。

第三章　消防常用外文数据库

第一节　EBSCO 全文数据库

一、概述

EBSCO 公司成立于 1944 年，长期从事多元化产业经营，是世界著名的专营印刷型期刊、电子期刊、电子文献数据库的出版发行业务的集团公司。1963 年在波士顿开设图书馆服务办公室，1986 年开始发展电子信息产品，1994 年开始在互联网上提供在线服务。该公司总部位于美国亚拉巴马州伯明翰市，在 19 个国家设有分部，开发了近 100 多个在线文献数据库，包括约 10000 种期刊、报纸、人物传记等，涉及自然科学、社会科学、人文和艺术等多种学术领域，其中近 1600 种全文期刊同时收录在 ISI – Web of Science 内，还有 1000 余种期刊可提供图片。其中两个最常用的全文数据库是学术期刊全文数据库（Academic Search Premier，简称 ASP）和商业资源全文数据库（Business Source Premier，简称 BSP）。检索结果为文献的目录、文摘、全文（PDF 格式）。

学术期刊全文数据库，包括政治、信息科学、物理、化学、科技、工程、教育、艺术、文学、语言学、医药学及妇女研究、护理、人文社会研究等刊物，共计逾 8300 种学术性期刊的索引、文摘，逾 4700 种的全文期刊（最早回溯至 1965 年），其中专家评审的全文期刊高达 3600 余种，逾 1600 种全文期刊同时收录 ISI 的 *Web of Science*，每月更新。

商业资源全文数据库，包括商业相关领域的议题，如财务金融、经济、银行、国际贸易、管理、业务营销、商业理论与实务、房地产、产业报道等，收录 9680 种以上刊物的索引及摘要，其中 8770 种的出版物有全文资料，全文期刊最早可回溯到 1965 年，其中，*Harvard Business Review* 可以回溯至 1922 年。

二、数据库检索

登录到 EBSCO 数据库界面后（见图 3 – 1），首先要选择数据库和检索方式，EBSCO 数据库提供了基本检索、高级检索、视频检索、图片检索、视觉检索共 5 种检索方式，这里介绍前两种检索方式。

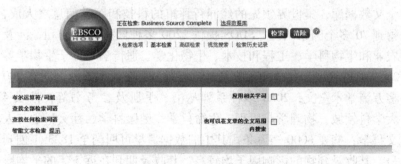

图 3 – 1　EBSCO 数据库首页

（一）基本检索（Basic Search）

在检索框中输入检索词，然后单击"搜索"（search）即可得到要检索的结果。

（二）高级检索（Advanced Search）

在检索框中根据需要选择检索字段，输入检索词，使用逻辑算符，进行逻辑组配。

检索途径包括作者、文章题目、主题词、摘要、索取号、ISSN

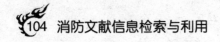

号、期刊名、工业代号、分类号等。

第二节　Science Direct 数据库

一、概述

Science Direct 数据库全称 Science Direct Onsite，简称 SDOS，是荷兰著名出版商 Elsevier Science 提供的有关科学、技术、医学的完全基于 Web 的电子期刊全文检索系统。Elsevier Science 公司是全球最大的科技与医学文献出版发行商之一，已有 180 多年的历史，该公司出版的期刊大多数都被 SCI、EI 所收录，属国际核心期刊。

Science Direct Onsite 是 Elsevier Science 公司的核心产品，自 1999 年开始向用户提供电子出版物全文的在线服务，是全学科的全文数据库，集世界领先的经同行评审的科技和医学信息之大成，得到 70 多个国家认可。SDOS 提供 2200 多种同行评议期刊，涉及农业和生物科学、工程和技术、生物化学、遗传学和分子生物学等 24 个学科领域，其中 SCI 收录 1375 种，EI 收录 522 种，约有 900 多万篇学术全文；2000 多种系列丛书、手册及参考书等，涉及 4 大学科领域：物理学与工程、生命科学、健康科学、社会科学与人文科学；摘要 6000 多万条。其中的数据最早可回溯至 1823 年创刊号。其收录刊物的影响因子均较高，其收录期刊在近 5 年的平均影响因子在 1.5 ~ 6.4。

SDOS 既可以检索又可以浏览，并可以同时浏览期刊和图书，在最大范围内进行检索。用户在网上浏览、打印或保存论文全文需使用 Adobe Acrobat Reader 软件，要事先安装。

二、数据库检索

该系统可通过检索和浏览两种方式获取期刊原文。提供快速检索、高级检索和专业检索 3 种检索方式。

（一）快速检索

快速检索也称简单检索，直接在检索词栏中输入检索词，或者在作者栏中输入作者姓名、在期刊（图书）栏中输入相关名称、卷、期、页码，点击"检索"键，即可获得检索结果。这种检索方式简单易行，但检索结果较多，不够准确，往往需要在页面左侧栏中进行二次检索。

（二）高级检索

高级检索需要在检索途径、学科类别、图书和期刊、时间范围、逻辑项中进行选择设定，SDOS 提供了篇名、著者、关键词等12 个字段供选择。键入检索词后，点击"检索"键，则可以得到检索结果。例如，检索篇名中含有"computer"的文章，则可以选择"Author"，文献类型选择"Journals"，在检索框中键入"computer"，点击"检索"键即可获得 32628 条结果。

（三）专业检索

组合检索式输入框，运用布尔逻辑符以及位置运算符组成比较复杂的检索式进行检索。表 3 - 1 列出了检索字段名称的英文全称和缩写。

表 3 - 1　Science Direct 数据库检索字段名称

常用检索字段	字段名（Field_ name）	
	字段全称	简写编码
所有字段	all	all
题名/摘要/关键词	title - abs - key	tak
标题	title	ttl
摘要	abstract	abs
关键词	keywords	key
作者	authors	aut

续表

常用检索字段	字段名（Field_ name）	
	字段全称	简写编码
特定作者	specific – author	aus
参考文献	references	ref
期刊/图书名	srctitle	src
作者机构	affiliation	aff

第三节 Wiley 数据库

一、概述

Wiley 数据库全称 Wiley Online Library，是约翰威立国际出版公司（John Wiley & Sons Inc.）的产品，John Wiley & Sons Inc. 于 1807 年创立于美国，是全球历史最悠久、最知名的学术出版商之一。Wiley Inter Science 是 John Wiely & Sons Inc. 创建的动态在线文献服务，1997 年开始在网上开通服务，2007 年 2 月，John Wiley & Sons Inc. 完成对 Blackwell Publishing（布莱克维尔出版公司）的并购，其科学、技术、医药与学术出版业务与英国的 Blackwell Publishing 合并，建立了专门从事国际科学、技术、医药和学术出版的新的业务单位"Wiley – Blackwell"。目前 Wiley – Blackwell 每年出版大约 1500 种由同行评审的期刊和 1500 本以上的新书，此外产品也包括主要参考工具书、数据库和实验室指南。这些出版物均提供印刷版和电子版。通过 Wiley Online Library 在线平台为用户提供以上广泛的内容。Wiley Online Library 于 2010 年 8 月在中国大陆正式发布。Wiley Online Library 现提供 1500 余种期刊（包括回溯）、约 1 万种在线图书、800 多种过刊、100 余种在线参考工具书以及部分实验室指南、数据库等的在线服务。电子期刊服务是其核心内容，提供包括化学化工、生命科学、医学、高分子及材料学、工程学、数学及统计学、物理及天文学、地球及环境科学、计算机科学、工商管理、法律、教育学、心理学、社会学在内的 14 种学科领域的学术出版物。该出版公司出版的学术期刊质量很高，尤其在化学化工、生命科学、高分子及材料学、工程学、医学等领域。

二、数据库检索

通过互联网登录 Wiley Online Library 数据库，在网址栏中输入以下网址点击回车键即可进入数据库首页：http：//onlinelibrary. wiley. com/。机构用户通过校园网上提供的资源导航可以直接访问（见图 3 - 2）。Wiley Online Library 提供了简单检索和高级检索两种检索方式。

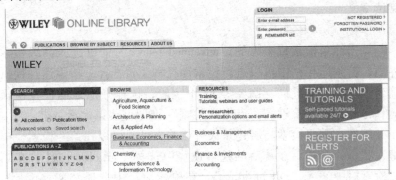

图 3 - 2　Wiley 数据库首页

（一）简单检索

简单检索栏在 Wiley Online Library 数据库的首页左侧，简单检索包括两种方式，一种是"All Content"，即在出版物所有内容中检索，检索结果数量大，往往需要进行二次检索。另一种是"Publication Titles"，即以出版物名称进行检索，用于检索期刊或者图书等出版物名称。

例如，需要检索"fire"相关刊物或者图书，只需选择"Publication Titles"，在检索栏中录入"fire"，点击检索框右侧的蓝色"检索"键，即可得到 19 条检索结果，其中有 18 种图书，1 种期刊（Fire and Materials）。

例如，需要检索"fire risk assessment"相关文献，只需选择"All Content"，在检索栏中录入"fire risk assessment"，点击检索框右侧的蓝色"检索"键，即可得到 41689 条检索结果，其中有 34146 篇期刊论文，7359 种图书，163 种数据库，21 种实验室指南。

如果需要浏览文献的详细信息，可以直接点击篇名，即可进入浏览页面，详尽显示所查找文献的类型、篇名、作者、出版形式、出版时间、卷期号、出版者、期刊或者图书等的名称和封面、关键词、摘要等信息，如想阅读全文，可以点击"Get PDF"键下载并阅读全文。

（二）高级检索

点击简单检索栏下方的"advanced search"即可进入高级检索界面，检索途径栏中可以进行检索途径和逻辑选择，检索途径提供篇名、作者、关键词、摘要等 12 个字段，选择好检索途径及逻辑运算符后，键入检索词，点击"检索"键即可获得检索结果。

例如，需要检索高层建筑火灾相关文献，可以在第一检索栏中键入"fire"，然后在其后的检索途径中选择"article titles"，在第二检索栏中键入"tall building"，在检索途径中选择"Keywords"，点击"检索"键可以获得 1 条结果，点击篇名即可获得发表于 *The Structural Design of Tall and Special Buildings* 上的 1 篇相关论文 "Three – dimensional computer – aided finite element method retrofitting modeling and non – destructive testing techniques for the assessment of actual existing high – rise fire – damaged reinforced concrete building" 的作者、发表刊物名称、发表时间等相关信息。

第四节 SpringerLink 数据库

一、概述

Springer 是 Springer – Verlag 的简称，中文译为斯普林格。德国斯普林格（Springer – Verlag）出版社是世界上最大的学术与科技图书出版社之一，全球三大学术期刊出版社之一，它有着 170 多年的发展历史，以出版学术性出版物而闻名于世，它也是最早将纸本期刊做成电子版发行的出版商，通过 SpringerLink 系统提供其学术期刊及电子图书的在线服务，该数据库包括了各类期刊、丛书、图书、参考工具书以及回溯文档。这些期刊和图书分为 13 个学科：建筑和设计；行为科学；生物医学和生命科学；商业和经济；化学和材料科学；计算机科学；地球和环境科学；工程学；人文、社科和法律；数学和统计学；医学；物理和天文学；计算机职业技术与专业计算机应用。Springer 电子期刊，用户通过 SpringerLink 平台可以访问、下载 1997 年至今的 2200 余种 Springer 电子期刊 470 余万篇文献全文，其中大部分期刊是被 SCI、SSCI 和 EI 收录的核心期刊，是科研人员的重要信息源。Springer 电子图书，用户通过 SpringerLink 平台可以访问、下载 2008 年至今 Springer 出版的约 13 万种电子书。学科涉及 14 个大学科：化学与材料科学、工程学、数学与统计学、资源环境与地球科学、计算机科学、物理学与天文学、专业电脑和计算机应用、行为科学、商业与经济管理、人文社科、法律、哲学、生命科学、医学。其中包括了 2005 ~ 2011 版权年出版的计算机科学讲义（Lecture Notes in Computer Science）、数学讲义（Lecture Notes in Mathematics）、物理学讲义（Lecture Notes in Physics）和地球科学讲义（Lecture Notes in Earth Science）等著名丛书。

二、数据库检索和阅读

根据用户不同的检索需求，新的 SpringerLink 版本设置了简单检索、高级检索两种检索方法。

（一）简单检索

检索步骤：登录 http：//link. springer. com/进入斯普林格数据库后（见图 3 - 3），在 Springer Link 页面上方的"search"框中输入检索词进行检索。简单检索是模糊检索，得到的结果比较宽泛。例如，在检索栏中输入"fire fight"，可以得到 22610 个检索结果。

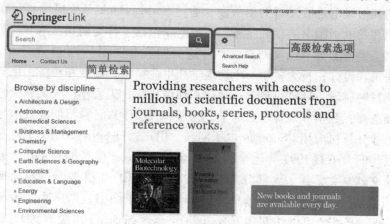

图 3 - 3　斯普林格数据库首页

（二）高级检索

高级检索是基于数据库内容及出版物的检索。

1. 检索步骤

点击文章检索界面中的"Advanced Search"按钮可显示高级检索选项。

首先在前 3 个文本输入框中选择一个输入 1 个或几个检索词在全文中检索。第一个检索框上"with all of the words"指检索框中输入的两个或两个以上检索词之间的逻辑关系是"and"；第二个检索框上"with the exact phrase"指检索框中输入的两个或两个以上检索词之间的逻辑关系是"and"，并且检索时检索词的数量和前后位置必须不变；第三个检索框上"with at least one of the words"指检索框中输入的两个或两个以上检索词之间的逻辑关系是"or"。

如用户不需要全文中含有某词汇的文献，则需在第四个文本框中输入该关键词即可。

第五个检索框可以输入文献标题中必须包含的检索词，可以检索到所有标题中包含检索词的文献。

第六个检索框是作者检索，可以输入所需文献的作者姓名。

2. 检索范例

例如，需检索标题中含有"fire simulation"的文献，则只需在"where the title contains"检索框中输入"fire simulation"，就可以得到12篇相关文献。

例如，需查找全文中含有"fire simulation"、作者为"huizhang"的文献，则只需在"with the exact phrase"检索框中输入"fire simulation"，在"where the author / editor is"检索框中输入"huizhang"，则可得到清华大学公共安全研究中心副主任张辉发表的两篇关于建筑火灾模拟的学术论文。

3. 检索结果

执行检索后，页面右下角显示的是检索结果的数量和篇名目录页，每一条记录包括文献类型、篇名、摘要、作者、在何处以何种产品形式出版、全文下载PDF或以HTML格式浏览、出版年份等信息。点击"Download PDF"可以下载并阅读全文，点击篇名或者"View Article"可以显示该论文的详细记录和文摘。

预设情况下，搜索结果按相关性排序，数据库还提供了按时间顺序由新到旧排序和按时间顺序由旧到新排序两个选项。

检索结果页面左边是分类浏览选择项。最上端可以按内容的类型来浏览，有期刊文章、图书章节、参考文献、实验室指南可供选择；也可按照学科分类进行浏览，如果点击某个学科，将会进入该学科的新页面；还可按照文献出版来源或者文献语言种类进行浏览。

第五节　Westlaw 法律数据库

一、概述

Westlaw 法律数据库全称 Westlaw International，是由汤姆森路透法律信息集团旗下美国 West 出版公司于 1975 年开发的综合性法律、法规、新闻和公司信息平台，是为国际法律专业人员提供的互联网搜索工具。Westlaw 法律数据库内容包括美国、英国、加拿大、澳大利亚、欧盟、中国香港地区的成文法、判例法、国际条约，1200 余种法学期刊，1000 余种法学专著、教材、字典和百科全书、法律格式文书范本和实务指南，覆盖几乎所有的法律学科。用户可以通过 Westlaw International 迅速查找案例、法令法规、表格、条约、商业资料和更多的资源，可以检索数百万的法律文档。

二、数据库的主要内容

（一）判例

作为诸多国家法律报告官方授权出版者，汤姆森路透法律信息集团收录了美国联邦和州判例（1658 年至今）、英国（1865 年至今）、欧盟（1952 年至今）、澳大利亚（1903 年至今）、中国香港地区（1905 年至今）和加拿大（1825 年至今）的所有判例。除此之外，还提供其他国际机构的判例报告，包含国际法院、国际刑事法院（前南法院和卢旺达法庭）、世贸组织等判例报告。

（二）法律法规

除了出版大量的法律法规，Westlaw 法律数据库还收录了各国的法律条文，其中主要包括英国成文法（1267 年至今）、美国联邦和州法（1789 年至今）、欧盟法规（1952 年至今）、中国香港地区（1997 年至今）和加拿大（1825 年至今）等国的法律法规。

（三）法学期刊

Westlaw 法律数据库收录了 1000 余种法学期刊，覆盖了当今 80% 以上的英文核心期刊。汤姆森路透法律信息集团在自己出版诸多法律期刊的基础上，还刊载大量知名的国际法律期刊，如 *Harvard Law Review*［1949 年（第 63 卷）至今］、*YaleLaw Journal*［1891 年（第 1 卷）至今］、*Stanford Law Reviews*［1947 年（第 1 卷）至今］，*Columbia LawReview*、*Criminal Law Review*、*Hong Kong Law Journal* 等多种法律专业全文期刊。

此外还包括 300 多种法律通讯（Legal Newsletter）和法律新闻（Legal News），如 *New York Law Journal*、*American Lawyer* 和 *Criminal Law News*，帮助法律专业人士更多、更快地获取学界最新动态。

（四）法学专著、教材、词典和百科全书

Westlaw 独家完整收录了法律界最为权威的法律词典——布莱克法律词典第八版（*Black's Law Dictionary*，8*th*）、《美国法律精解》（*American Law Reports*）、《美国法律大百科》（*American Jurisprudent*）、《美国法律释义续编》（*Corpus Juris Secundum*）、美国联邦法典注释（USCA）。

另外，从 2008 年起，Westlaw 为高校用户提供期刊、图书和常用数据库导航服务，方便使用。

（五）新闻、公司和商业信息

除了提供法律信息之外，还提供包括纽约时报（*New York Times*）在内的新闻报道以及新闻频道的报告底稿。另外，还包括如《福布斯》杂志（*Forbes*）、《财富》杂志（*Fortune*）、《哈佛商业评论》（*Harvard Business Review*）、《经济学人》（*The Economics*）、《商业周刊》（*Business Week*）等经济类刊物。目前，在中国国内的 Westlaw 用户已达 100 多家，包括高校、政府机关、律所和公司法务部。

Westlaw 法律数据库可以为各级消防执法机关提供世界各国关于消防法律法规、相关判例等参考资料，也为消防院校及科研机构

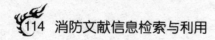

的教师和科研人员提供了全面、详尽的国外消防法律方面的文献资料。

三、数据库检索

（一）登录

Westlaw 法律数据库提供个人密码登录和 IP 登录两种登陆方式。

1. 个人密码登录

普通的互联网用户检索 Westlaw 法律数据库，可以直接在地址栏中输入网址：http://www.westlawinternational.com/，进入数据库首页。然后在 Westlaw Password 中输入 11 位密码（7 位数字和 4 位英文字母），在 Client ID 中输入客户身份（可任意输入字母或数字），点击"Sign On"或者直接回车。

2. IP 登录

一般情况下，购买了 Westlaw 数据库的高校用户不需要使用个人密码登录，而是通过校园网内部提供的资源导航途径直接进入 Westlaw（见图 3 - 4）。

图 3 - 4 Westlaw 数据库首页

（二）检索

Westlaw 数据库的一般检索步骤如下：

第一步：选择进入某特定数据库。一般通过如下 3 种方法选择进入数据库：

一是通过 Directory 逐级点击链接进入数据库；

二是通过 Directory 的 search 功能输入数据库名称关键字进入该库；

三是通过 Search these databases 功能输入数据库的识别号（identifier）进入一个或多个数据库（跨库检索）。

第二步：输入检索指令。进入一个或者多个数据库后，可以编辑检索指令。

Westlaw International 中绝大部分数据库均包含两种检索语言供用户选择：检索词和运算符语言（Terms and Connectors）以及自然语言（Natural Language）。检索词和运算符语言比较简单，随意输入单词、词组或者句子即可，检索结果全部按照时间倒序显示，最多可达 1 万篇；自然语言复杂但精确，需要严格按照各连接符格式组织不同检索词，检索结果按照相关度显示 100 篇。

第三步：浏览检索结果，筛选合适的文档并进行保存等处理。

第六节　Web of Science 数据库

一、概况

Web of Science 是美国汤姆森科技信息集团（Thomson Scientific）基于 WEB 开发的产品，是大型综合性、多学科、核心期刊引文索引数据库，1997 年由美国科学情报研究所（Institute for Scientific Information，简称 ISI）推出。Web of Science 包括三大引文数据库［科学引文索引（Science Citation Index，简称 SCI）、社会科学引文索引（Social Sciences Citation Index，简称 SSCI）和艺

术与人文科学引文索引（Arts & Humanities Citation Index，简称 A&HCI）〕和两个化学信息事实型数据库（Current Chemical Reactions，简称 CCR；Index Chemicus，简称 IC），以及科学引文检索扩展版（Science Ciation Index Expanded，简称 SCIE）、科技会议文献引文索引（Conference Proceedings Citation Idex‐Science，简称 CPCI‐S）和社会科学以及人文科学会议文献引文索引（Conference Proceedings Citation index‐Social Science & Humanalities，简称 CPCI‐SSH）3 个引文数据库，以 ISI Web of Knowledge 作为检索平台，它以 3 个独立的数据库为核心组成，并链接各种学术信息资源（学术会议录、专利、基因/蛋白质序列、生物科学信息、化学反应/化合物、来源文献全文、期刊影响因子、图书馆馆藏信息系统、文献信息管理系统等），是一个既集中又开放的权威、专业的科学信息数据库，收录全世界自然科学、社会科学、人文和艺术领域具有高影响力的 10000 多种期刊和 120000 个国际会议的会议录，数据每周更新。

Web of Science 功能强大，用户可以通过引文检索功能查找相关研究课题早期、当时和最近的学术文献，同时获得论文摘要；可以看到所引用参考文献的记录、被引用情况及相关文献的记录；可选择检索时间范围，可对论文的语言、文献类型作限定检索；检索结果可按其相关性、作者、日期、期刊名称等项目排序；可保存、打印、E‐mail 所得的记录及检索式；全新的 WWW 超文本特性，能链接到 ISI 的其他数据库；部分记录可以直接链接到电子版原文；或者链接到所在机构的 OPAC 记录，迅速获得本馆馆藏信息。

二、数据库简介

（一）科学引文索引

《科学引文索引》英文为 Science Citation Index，简称 SCI，由美国科学情报所编辑出版，创刊于 1961 年。创刊之初为年刊，1966 年改为季刊，1969 年改为双月刊至今，每年出版年合订本，并定期出版 5 年累计合订本。SCI 是世界三大检索工具（EI，SCI，ISTP）之一，由于 SCI 独特的功能，它不仅可以检索某一专题的文献，更是进行文献计量研究、期刊评价研究，以及判断高等学校、科研机构及科技人员学术水平的重要依据，在国际学术界占有重要地位。SCI 收录自然科学、工程科学、临床医学等领域内 6000 多种具有影响力的学术期刊，每周新增 17750 条记录。数据库回溯至 1945 年。

（二）社会科学引文索引数据库

社会科学引文索引数据库英文为 Social Science Citation Index，简称 SSCI，收录社会科学领域内 1700 多种学术期刊，每周新增 2050 条记录。数据库回溯至 1956 年。

（三）艺术与人文科学引文索引数据库

艺术与人文科学引文索引数据库英文为 Arts & Humanities Citation Index，简称 A&HCI，收录艺术与人文科学领域内 1400 多种学术期刊，每周新增 2300 条记录。数据库回溯至 1975 年。

三、数据库检索

订购了 Web of Science 的校园网用户可以在校园网 IP 范围内通过图书馆的资源导航链接直接进入数据库检索，互联网用户登录只需在地址栏键入以下网址即可进入 Web of Science 数据库网页（见图 3 - 5）：http：//ip - science. thomsonreuters. com/。输入以下网址可以进入中文网页：http：//thomsonscientific. com. cn/。

Web of Science 数据库提供了快速检索和高级检索两种检索方式。

（一）快速检索

快速检索也称简单检索，直接在检索词栏中输入检索词，在 15 个数据库选择中选择单库或者全库（all），然后点击"go"，即可获得检索结果。这种检索方式简单易行，但检索结果较多，不够准确。检索结果页面显示了文献格式、篇名、作者、来源、发表时

图 3 - 5 Web of Science 数据库首页

间、发表刊物名称和卷期等信息在检索结果中提供了"date"和"relevance"两种排序方式，可以点击进行转换。

（二）高级检索

点击检索界面中的"Advanced Search"按钮可显示高级检索选项。高级检索共有10行文本输入框可供选择，检索条件设置较多，检索结果比较准确。

第一步，首先在第1行文本输入框中对检索结果数量和检索数据库进行选择。检索结果数量分为10、20、30、50、100共5种选择，检索数据库有15个可供选择。

第二步，在第2行至第4行文本输入框中选择一个输入1个或几个检索词，在第5行文本输入框中可以输入逻辑"非"的检索词。

第三步，在第6行至第10行文本输入框中对检索文献的语言种类、文献格式、检索途径、检索结果排序等进行选择。

第四步，点击"检索"键，即可得到检索结果。

第七节　Ei Village 2 数据库

一、简介

Ei Village 全称 Engineering Information Village，是美国工程信息公司开发的综合信息服务产品，目前由 Elsevier Engineering Information 公司出版，为工程类文摘数据库。美国工程信息公司始建于1884 年，是世界上最大的工程信息提供者之一。早期出版印刷版、缩微版等产品，1969 年开始提供数据库服务，1995 年以来 EI 公司开发了称为"EI Village"的系列产品，目前提供的 Engineering Village 2 是 Ei Village 的改进版，是以 EI Compendex 等数据库为信息源的网上统一检索平台，总共包括 Compendex、INSPEC（英国《科学文摘》）、NTIS、United States Patents from USPTO（美国专利）、European Patents（欧洲专利）等 15 个数据库。其中，Compendex 数据库是 Ei Village 2 的核心数据库。Ei Village 2 向全世界范围提供最广泛的工程文献信息，包括学术期刊、商业出版物、会议录等高级文献数据库、政府报告、参考书籍等参考资料数据库以及专利数据库、工程新闻及其他数据信息。

Ei Village 2 是消防机构、院校、研究所最常用的数据库之一，是查阅消防工程、电器防火、核生化消防、防火和灭火材料、消防信息管理、火灾模拟等消防专业文献的重要文献来源。

二、数据库介绍

（一）Compendex 数据库

Compendex 数据库，也称 EI Compendex Web，是美国《工程索引》（The Engineering Index，简称 EI）的网络版，由美国工程信息

公司编辑出版，创刊于 1884 年，报道世界各国工程与技术领域的文献信息，是世界各国工程领域最主要、最权威的检索工具之一，它与 SCI、CPCI（即原 ISTP）被公认为国际著名三大检索工具。《工程索引》包括印刷版、光盘版和网络版，印刷版收录期刊等文献 2600 种；光盘版收录期刊等文献 2600 种；Compendex 数据库收录了 1969 年至今的 1260 多万项记录，这些数据摘自世界上 60 多个国家的 5100 多种工程类期刊、会议论文集和技术报告，其中 2600 种有文摘，核心期刊约有 1000 种。20 世纪 90 年代以后，数据库又新增了 2500 种文献来源。化工和工艺的期刊文献最多，约占 15%；计算机和数据处理占 12%；应用物理占 11%；电子和通信占 12%；另外还有土木工程占 6% 和机械工程占 6%。大约 22% 的数据是有主题词和摘要的会议论文，90% 的文献是英文文献。用户在网上可检索到 1969 年至今的文献。数据库每年增加 190 个应用科学和工程类别的大约 65 万余项新记录，数据每周更新。1992 年开始收录中国期刊。

（二）INSPEC 数据库

英国电气工程师协会（The Institution of Electrical Engineers，简称 IEE）的 INSPEC 数据库是全球著名的科技文摘数据库之一。它主要涉及的学科领域包括物理、电子与电气工程、计算机与控制以及信息技术、生物医学工程、材料科学、核工程、控制工程等。数据库涵盖了 1969 年至今的 700 多万篇科技论文，4000 多种科技期刊的摘要与索引，2000 多个会议录，同时还有图书、研究报告和学位论文的相关信息。每一条记录均包含英文文献标题与摘要以及完整的题录信息，包括期刊名或会议名、作者姓名与作者机构、原文的语种等，数据每周更新。

三、数据库检索

用户访问 Ei Village 2 可以通过图书馆网站链接进入（见图 3 - 6），也可以直接在网址栏中输入以下网址进入：http://www. engineeringvillage. com。Ei Village 2 提供了简单检索（Easy search）、快速检索（Quick search）、专业检索（Expert search）3 种检索方式。

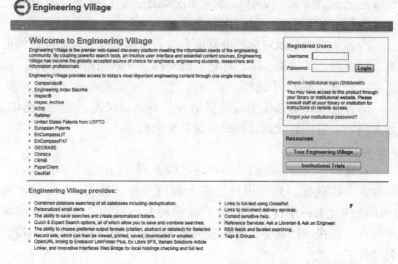

图 3 - 6　Ei Village 2 数据库首页

（一）简单检索

可在单个检索框中输入检索表达式（包含检索词及 AND/OR/NOT 等逻辑算符），检索范围为数据库中所有内容。这种检索方式不需要设定检索条件、不需要选择字段，简单方便，但检索结果较多。

（二）快速检索

1. 检索限定

采用快速检索方式检索首先要进行各种检索条件限定。

检索途径选项中有所有字段、主题/标题/文摘、文摘、作者、作者机构、EI 分类码、期刊编码、会议信息、会议编码、国际刊号、EI 主标题词、出版单位、出版物题名（刊名，会议录名，专著名）、标题、EI 受控词（EI 词典包括 1.8 万受控词）共 15 个字段选项。

文献类型限定选项中有所有文献类型、核心期刊、期刊论文、会议论文、会议录、专论章节、专论综述、学位论文、未出版论文、专利（1970 年前）共 10 个选项。

内容文献类型限定选项中有所有内容文献类型、应用类、传记类、经济类、实验类、综述评论、历史性、文献回顾、管理类、数字类、理论类共 11 个选项。

语种类型设定选项中有所有语种、英语、汉语、法语、德语、意大利语、日语、俄语、西班牙语共 9 个选项。

2. 检索技巧

检索条件设定好之后，即可输入检索词进行检索，快速检索界面有 3 个检索框，允许用户将多个词用布尔运算符 AND，OR 和 NOT 连接起来，进行联合检索。检索词大小写均可，输入框按顺序键入。在快速检索中，自动取所输入词的词根，在作者栏的检索词除外。

快速检索允许使用截词符，星号（＊）为右截词符，放置在词尾。

做精确短语检索时，词组或短语需用引号或括号标引。

如果用精确短语检索时，允许句中使用停用词（and，or，not，near）。但该语句必须用引号或括号括起。

（三）专业检索

检索页面中有一个独立的检索框，用户采用"within"命令（wn）和字段码，在特定的字段内进行检索。

第四章 网络消防信息资源检索

第一节 网络信息资源概述

一、网络信息资源的定义

网络信息资源，是指借助计算机与网络通信设备发布、收集、组织、存储、传递、检索和利用的文字、图像、声音、动画等多种形式信息资源。互联网的飞速发展，网络信息资源数量的急剧增长，极大地扩展了人们所拥有的信息资源量，从根本上改变了人们获取信息的方式，网络逐步成为人们获取信息的主渠道。

二、网络信息资源的特点

（一）信息源的广泛性

Internet 是一个开放的信息传播平台，世界上任何机构、任何个人都可以将自己拥有的且愿意让他人共享的信息上网。在这个庞大的信息源中，起主导作用的主要有：政府机构、网络信息服务商、联机服务商、高等院校、图书馆、科研机构、各类商业公司等，其中蕴藏着海量的、有价值的信息资源。

（二）内容的丰富性

网络是信息的载体，信息是网络的灵魂。Internet 是信息的海洋，信息内容几乎无所不包，有科学技术领域的各种专业信息，也有与大众日常生活相联系的生活常识；有政府机构的施政信息，也有民间机构的参考信息；有基础学科的研究信息，也有边缘学科的研究信息。

（三）信息的时效性

利用 Internet 信息制作技术，能很快地将各种信息传播到世界各地。由于几乎在事件发生的同一时间内就能将信息快速制作、上网，因此，网上信息的更新周期短、内容新。

（四）形式的多样性

Internet 是一个集声音、图像、文字、照片、图形、动画、电影、音乐为一体的包罗万象的综合性信息系统。相同信息的内容以不同的方式呈现给用户，改变了人们的学习和利用信息的方式。

（五）信息的交互性

Internet 具有交互性的特点，不仅可以从中获取信息，也可以向网上发布信息。在 Internet 上可以找到提供信息的各种信息源。管理机构、科学家、工程师、专业人员、普通人员都可以在网上交流、查询信息，同时也可发表自己的见解。

（六）信息的关联性

Internet 的信息组织是基于超文本的，因此，有关联的信息之间通过链接形成一个相互联系的信息渠道，人们可以由近而远、顺藤摸瓜，方便地找到所需的信息资源。

（七）信息的开放性

由于 Internet 是全球性分布的结构，大量信息分别存储在世界各地的服务器与主机上，随着时间的推移和知识的更新，在不断补充新信息的同时也不断淘汰旧的信息，以保证其信息的整体数量、使用价值及网络的灵活性。

（八）信息的共享性

由于信息存储及数据结构具有通用性、开放性和标准化的特点，在网络环境下，时间和空间范围得到了最大程度的延伸、扩展。信息资源上网后，不仅可以及时地提供给本地用户，而且可以发散到全球各个角落，用户可以尽最大可能分享同一信息资源。

（九）信息的无序性

各搜索引擎和站点都收集大量的 Internet 站点，并按照专业和文献信息类型分类，实现了信息组织的局部有序化。但是，由于 Internet 的急剧膨胀，仍有大量信息被淹没在信息海洋中，这种无序性必将影响信息检索的系统性、完整性和准确性。

（十）信息的不确定性

网络信息的产生和消失是无法确定的，具有极强的动态性，可以随时发布，也可及时变更、修改和删除。网络信息内容的可靠性也是无法确定的，网上信息的发布缺乏必要的质量控制，正式出版物与非正式出版物交织在一起，学术信息、商业信息和个人信息混为一体，信息质量良莠不齐，给用户利用带来了不便。

三、网络信息资源的类型

网络信息资源内容庞杂、包罗万象，缺乏统一的组织与管理，所以很难用一个标准对其划分，通常网络信息资源的划分如下：①按照所采用的网络传输协议划分，可分为电子邮件（E - mail）、远程登录（Telent）、文件传输（FTP）、WWW 信息服务系统、用户服务组、Gopher 信息检索系统；其中，以超文本链接为核心的 WWW 信息服务系统，发展至今已成为网络信息服务的主要方式，Gopher 基本被淘汰，Telent、FTP 和 E - mail 这三大互关网的传统服务功能也大部分被取代或融合，WWW 检索已成为网络信息检索的主要内容。②按照信息资源的有偿性，又分为收费类信息资源与免费类信息资源。③按照信息资源的内容，分为学术、教育、政府信息、商业经济、生活娱乐、广告信息等。

网络信息资源中分布着海量学术资源，主要分布在以下类型中：搜索引擎、数据库资源、学术网站资源、电子出版物资源、研究机构与专业学会网站、学术研究相关资源、特种文献（学术会议文献、学位论文、技术标准、科技报告、专利文献、政府出版物）、预印本系统、电子论坛等。

四、网络信息资源的组织方式

解决网络信息无序扩张与网络信息有序利用之间的矛盾，有效地组织网上信息，变无序信息为有序信息，为网络信息用户提供便利的信息获取途径和方法，已成为网络环境下信息资源组织与管理的出发点和目的，其核心是网络信息资源的有序化。网络信息资源的有序化，是指将处于无序状态的信息资源，按照一定的原则和方法组织成有序信息资源的过程。这种有序化既包括对没有必然内在联系的信息资源进行组织以方便管理与利用，也包括按照知识和信息自身的客观逻辑，对本质上就具备必然内在联系的信息资源的组织与管理。

信息资源的组织与管理历来是信息管理研究领域的重点和核心，多年来的研究使其理论体系日趋成熟，实际操作渐入佳境。然而随着网络技术的介入，尤其是互联网的使用与推广，使信息资源组织与管理从理论到实践、从技术到方法无一不在网络环境下发生诸多深刻的变化。网络信息资源吸收传统文献信息资源的组织和管理的优点并且突出网络技术的特色，从目前情况以及网络技术的发展趋势来看主要采取以下几种方式。

（一）超文本方式

与线性、顺序制方式组织和揭示信息的传统文本方式不同，超文本方式是一种基于知识单元的组织与管理信息的方式。自然语言（关键词）组织和揭示自由文本主要借助于超文本技术来实现。超文本技术将文本信息存储在无数节点（node）上，一个节点就是一个相对独立的"信息块"，节点之间用"链"（link）连接，组成信息网络。它同样可以链接声音、图像（形）、影视等多媒体信息，构成超维检索点。

从本质上讲，超文本方式是一个由节点和链构成的信息网络。节点是超文本表达信息的一个基本单位，而链定义了超文本的结构，是超文本的灵魂。形式上链是从一个节点指向另一个节点的指针，在本质上则表示节点上存在的信息之间的联系。用户根据信息之间的联系，顺着链路查看信息。超文本方式是网络信息资源组织的一种主要方式，它以节点和链接使网上相关信息间建立关联，从而将众多的网络文本信息组织成某种网状结构，用户可从任一节点开始，随机、自然地浏览、查找自己所需信息，并将之从网上下载。

超文本方式较以前的线性文本方式具有许多优点。首先，它以节点为基本信息单位，将各种文本、图像、动画等知识单元、片段存储在不同的节点中，节点间以关系链加以连接，构成纵横交错、富于联想的立体网状结构，从而打破了传统信息组织方式只能按顺序线性存取的限制，可以灵活、方便、跳跃地浏览、获取信息。其次，超文本系统在信息检索方面有其独到之处。它不需检索指令，只需点击链接点即可方便检索。复杂的网状结构，融浏览、检索于一体，可满足用户从不同角度浏览、查询信息的需求，具有较强的索引功能，其导航机制具有良好的导航能力，使用户在复杂的网络结构中漫游能知其所在而不致迷失方向。不可否认的是，超文本方式也同样具有它的局限性。一方面，它在文本之间的来回跳跃链接，很容易打断读者的思路，分散读者的注意力。另一方面，由于超文本方式本身的特点，一组逻辑与联系较强的信息往往由多个节点、多个 Web 页组成，从而导致用户在浏览和查询时，难以从整体上把握众多节点和页面的完整的逻辑关系，检索结果往往失去整体性和全局性。但是瑕不掩瑜，超文本方式以其独特的优势，打破常规创造了许多传统的文本系统、传统的检索系统所无法想象和实现的知识信息的新型组织方式，完成了信息组织方式的一次腾飞。

（二）指引库方式

超文本方式固然有它的特点和优势，但是互联网上存在巨量的独立文本文件和超文本链接体，如何将它们有效地进行组织，有效地进行深层开发，有效适应用户的真正需求，成为网络环境下信息资源组织与管理领域亟待研究的新课题。

目前，网上建立了为数众多的网络信息导航系统和检索系统以满足用户快速获取特定信息的需求。大多数网络信息资源的检索系统都包括两大模块，一是网络信息索引模块，二是网络信息查询模块。索引模块是建立网上信息资源数据库，查询模块是利用索引数据库，获取所需信息。指引库方式即指引用户到特定的地址获取信息，把互联网上与某一或某些主题相关的节点进行集中，按方便用户检索的原则，向用户提供这些资源的分布情况，指引用户查找指引库中的信息。指引库采用主题树方式组织资源，对信息加以标引、分类，设计主题树结构。主题树方式主要是通过人工发现信息、甄别信息并进行分类，人工建立结构化的互联网网址主题类目和子类目，子类目下可进一步细分，底层类目内按字顺或其他标识进行排序，用户可利用这个详尽的等级分类目录体系结构对网上特定主题信息进行浏览查询。雅虎（Yahoo）就是这种组织方式的典型代表，它将网络信息资源按主题划分为 14 个基本大类，每一类目下根据信息资源、网络站点的多寡分为不同层次的次类目或子类目，从而建立了一个类目设计合理、结构全面完整、等级层次鲜明的等级目录结构。主题树方式因系人工建造，类目专题性、科学性较强，能使用户在尚未形成精确检索概念时，进行笼统主题浏览和检索，能较好地满足用户族性检索的要求。同时它也允许用户根据兴趣，从任意等级类目入手选择不同深度的浏览检索范围。由于网络资源相互链接的特点，其各类目之间虽有部分重叠交叉，但同时也方便了用户直接从不同角度查找资源。主题树方式也有其局限性，表现在检索专指性较差，且人工标引方式导致信息更新速度较慢，信息标引数量和标引深度不足。

（三）索引数据库方式

索引数据库方式最大的特点是它的标引数据库非人工建立，而是由被称为 Spider 或 Robot 的计算机软件程序创建的。Spider 根据网络协议在网上漫游，不断发现各类新的网址及网页信息，经抽取、排序与归并，建立网络索引数据库，数据库按一定方式、结构存储，满足特定处理系统需要的相关信息，通常为网络信息的地址及相关信息的描述信息和供计算机识别的字段标识符。当用户输入检索词后，检索软件将在数据库中找出相匹配的记录，向用户提供检索服务。谷歌（Google）是这种组织方式的典型代表，它对互联网数十亿个网页的内容进行索引，建立了极为庞大的索引数据库。

索引数据库方式采用计算机自动索引，索引面广、信息量大、信息更新速度快，由于大多数为全文检索，故较适用于特定信息及较为专、深、具体或类属不明确的课题的检索，检索结果的查全率较高。该方式还提供多种检索功能，如布尔检索、位置检索、概念检索、截词检索等以提高检索质量。不足之处是全文检索导致检索结果噪声比较大，即检索结果中充斥着大量含有检索词但又与检索主题不相关的检索命中记录，需花大力气进行过滤方可得到用户真正需求的结果。另外，使用的搜索引擎一般比较复杂，搜索者必须具有比较专业的信息检索知识，因此，普通检索者一般不会去利用它的高级检索，无形中限制了它的适用范围。

（四）元数据方式

元数据是描述和限定其他数据的数据。其在网络信息资源组织方面具有描述、定位、搜寻、评估和选择等作用。描述即描述信息对象的内容和位置，为信息对象的存取与利用奠定必要的基础，这是其最基本的功能。由于网络信息资源没有具体的实体存在，因此，明确它的定位至关重要。元数据包含有关网络信息资源的位置，促进了网络环境中信息对象的发现和检索。此外，在信息对象的元数据确定以后，信息对象在数据库或其他集合体中的位置也就确定了。这是元数据定位的两层含义。元数据提供搜寻的基础，在著录过程中，将信息对象中的重要信息抽出并加以组织，赋予语意，并建立关系，从而有利于用户识别资源的价值，发现其真正需要的资源，使检索结果更加准确。元数据提供有关信息对象的名称、内容、年代、格式、制作者等基本属性，使用户在无须浏览信息对象本身的情况下，就能够基本了解和认识信息对象，参照有关标准，即可对其价值进行必要的评估，作为存取与利用的参考。根据元数据所提供的描述信息，参照相应的评估标准，结合使用环境，用户便能够做出对信息对象取舍的决定，选择适合使用的资源。通过元数据可以了解互联网资源类型、Web 页面的标题、作者、出版者、主题与关键词等信息。

五、网络信息的检索技术

（一）布尔逻辑检索

见本书第一章第二节的"计算机信息检索基本技术"。

（二）位置检索

见本书第一章第二节的"计算机信息检索基本技术"。

（三）截词检索

见本书第一章第二节的"计算机信息检索基本技术"。

（四）字段限制检索

见本书第一章第二节的"计算机信息检索基本技术"。

（五）概念检索

概念检索有时也称为主题检索或知识检索。当用户输入一个关键词后，检索工具不仅能够检索出包含这个具体词的结果，还能检索出那些与该检索词属于同一概念的其他词的结果。概念检索实现了受控语言的一部分功用，即考虑到了同义词、广义词和狭义词的使用。例如，运用概念检索，如果输入检索词 Automobile，不仅可以得到包含 Automobile 的结果，还可以得到包含 Car、Truck、Van、Bus 甚至包含 Chrysler、General Motors 等词的结果。

（六）相似检索

相似检索，是指用户在得出某一检索结果后，还需要得到与该结果类似的更多的信息而采取的进一步的检索方法。网络检索工具对选定的结果网页进行关键词的词频统计和位置分析，以确定某一关键词在该网页中的相关度，然后把相关度值较大的那些关键词作为下一轮检索的检索词。例如，在 Google 中，就可以点击"similar pages"链点进行相似检索。

（七）区分大小写检索

目前有些网络检索工具都提供区分大小写的检索功能以供用户选择。Infoseek 对人名或机构名称进行检索时就采用区分大写字母方式，如 Dorothy Gale 将被看成一个人名而非两个单独的词；若是同时检索两个或两个以上的人名或机构名称，则应用逗号将其隔开。这种功能有助于提高查准率。

（八）词组检索

词组检索是将一个词组作为一个独立运算单元，进行严格匹配以提高检索的精度和准确度。词组检索是一般检索工具中最常用的方法，词组检索的功能实际上是邻近算子的具体体现，即它不仅规定了检索式中各个具体的检索词及其相互间的逻辑关系，而且还规定了检索词之间的邻近位置关系。最常用的方式是将该词组或短语加上双引号，如百度、Google 等。

（九）限定检索

限定检索可以减少不必要的输出，提高检准率。一般包括时间的限定，地域、语种的限定，网域的限定以及文档形式的限定。

（十）多语种检索与检索结果的翻译功能

很多网络检索工具提供多语种检索或检索结果的翻译功能。例如，Google、Yahoo 都能提供几十种语言的检索。检索结果也可支持英文与法文、德文、西班牙文、中文等之间的互译。

（十一）自然语言检索

自然语言检索是未来网络信息检索发展的趋势。它是指用户可以输入自然语言作为检索词。其基本原理是检索工具在受理检索提问时，利用禁用词表剔除那些没有实质主题意义的词，如介词、副词、常用请求词（如 please、would you、may 等）及表达检索指令的动词（如 find、lookup、search）等，然后将其余的词自动转换成关键词进行检索。

（十二）检索提问的修改与限制

第一，网络检索工具对用户输入的检索提问进行分析并提供若干相关词供用户选择。例如，Alta Vista 可在结果页面点击"Refine your search"进入修改检索界面，用户可以选择要求输入某些真正相关的词汇或排除那些实际不相关的词而重新进行检索。这种方法有助于提高查全率。

第二，可以在检索结果的基础上进行二次检索，即把新的一轮检索限制在已检得的结果范围之内。这种方法有利于提高检索速度和检索的精确度。

（十三）检索结果排序

很多网络信息检索工具在检索过程中计算相关度，并按相关度从高到低的顺序排列检索结果。相关度一般依据关键词出现的频率、关键词出现在网页的位置、网页被链接的程度等标准来确定。检索结果按相关度排列有助于用户快速获得有用信息，从而提高检索效率。

（十四）检索结果的过滤处理

网络信息资源良莠不齐，要避免某些网络信息的不良影响，一方面要靠用户增强自身免疫力，另一方面网络检索工具应提高甄别能力，自动识别并排除那些不健康的网页，如 Yahoo search 就有较强的过滤功能。

第二节　搜索引擎

一、搜索引擎的定义

互联网上的信息是无序的，信息量越大，越难被利用。没有人对互联网上信息的有效性和有序性负责，因此，如何获取与利用互联网上的公开和免费信息就成为一个大问题。目前解决这一问题的最佳途径是利用搜索引擎（Search Engine）。

搜索引擎，是指网络上以一定的策略搜集信息，对信息进行组织和处理，并为用户提供信息检索服务的工具和系统，是网络信息检索工具的总称。从使用者的角度看，搜索引擎为用户提供了一个查找互联网上信息内容的接口，查找的信息内容包括网页、图片以及其他类型的文档。

搜索引擎与各类数据库、电子期刊和图书等学术性资源相比，本身及其检索结果在有效性、有序性、可检性、学术性、专业性等方面均比较差，但它仍然是目前利用互联网信息的最佳工具，它的主要特点在于：面向互联网广泛收集信息，比较全面且实时更新，信息的时效性非常强。在这种情况下，如果用户需要了解某一学科或专业的最新发展情况，比较好的方式是把前面所说的资源和搜索引擎的使用结合起来。

互联网上的信息呈几何级数增长，快速有效地查询信息是一项艰巨的任务，这个需求直接导致了广域网信息检索技术的快速发展，各类搜索引擎层出不穷。但是如同互联网上的信息一样，搜索引擎的发展本身也是无序的，如何选择最符合需要的搜索引擎，通过其在互联网上找到我们所需要的信息，是一个需要研究和解决的问题。

二、搜索引擎的工作流程

搜索引擎的实现首先应具备从互联网上自动收集网页的能力，即通常所说的"蜘蛛"（spider）系统，以及实现所收集网页内容信息的全文检索系统。一个完整的系统还应包括检索结果的页面生成系统，以便把检索结果高效地借助网络页面展示给用户。这一系统由搜索器、索引器、检索器和用户接口四个部分组成。

搜索器根据既定的检索策略在互联网中发现和搜集各种类型的新信息，同时定期更新原有信息，采用分布式和并行计算技术实现。索引器则从搜索器搜索的信息抽取信息生成索引倒排表，并赋予表示文档区分度和查询结果相关度的权值，方法一般有统计法、信息论法和概率法，短语索引项的提取方法有统计法、概率法等语言学法。索引器可以采用集中式索引算法或分布式索引算法。在数据量很大时，应支持即时索引，搜索引擎的成功与否在很大程度上取决于索引的质量。检索器根据用户的查询要求在索引库中快速匹配文档，对将要输出的结果进行排序，并实现某种用户相关性反馈机制。用户接口界面供用户输入查询，并显示匹配结果，用户接口的设计和实现应适应人类的思维习惯。

搜索引擎首先由搜索器的"蜘蛛"程序周期性或者按照既定算法分布式并行在互联网中搜索和发现信息，同时将新发现的或者需要更新的页面存入数据库服务器。然后索引器将提取数据库中的有用信息，重新组织后建立索引库。最后则是检索器从用户接口得到用户的检索命令，快速从索引库中检索出文档，按照默认的评价体系评价匹配结果，并将结果排序后借助用户接口反馈给用户。

三、搜索引擎的类型

按照不同的分类原则，搜索引擎可以有多种分类方式。其中，按工作方式或者检索机制来分类是最常见的一种分类方式，它将搜索引擎通常分为关键词搜索引擎、主题分类指南、元搜索引擎。

关键词搜索引擎：在前台提供一个检索入口，用户通过入口提交查询请求（关键词），系统再将检索结果反馈给用户。这一类搜索引擎交互性强，通常具备二次检索功能，以便用户逐步接近检索结果。适合于查找目的明确并具备一定的数据库检索知识的用户。著名搜索引擎 Alta Vista 最初就是关键词搜索引擎，国内的搜索引擎如百度、天网，也属于此类。

主题分类指南：首先依据某种分类依据（如学科分类）。建立主题树分层浏览体系，由搜索引擎抓取网上信息之后，对信息进行标引，并将标引后的信息放入浏览体系的各大类或子类下面。使这些信息呈现出错落有致的上下位关系。用户层层点击，最终进入浏览"树"的叶子节点，找到自己所需的信息。这类搜索引擎体现了知识概念的系统性，查准率高，但由于人工在分类标引上的干预，查全率低，分类体系的科学性和标准性亦存在问题。典型的主题分类指南即 Yahoo。

元搜索引擎：基于搜索引擎的搜索引擎，自身不建立数据库，而是在接受用户的查询请求后，调用一个或多个独立搜索引擎的数据库。检索结果是来自独立搜索引擎的检索结果或者这些结果集合的综合，可以表现为引用原始的独立搜索引擎的页面，也可以是由元搜索引擎二次加工、重新定制后的形式。元搜索引擎通常是引用比较知名的搜索引擎，查全率很高，但查准率低，检索功能和检索技术简单。著名的元搜索引擎如 Meta crawler。

近年来，搜索引擎的一个发展趋势是，尽可能综合上述搜索引擎的功能于一身，以便适应不同用户的不同需求。例如，上面提到的 Alta Vista，后来即发展了主题分类指南的功能。而著名的搜索引擎 Google 更是融合三者的功能于一身。当然这些综合性的搜索引擎，目前在检索功能方面也还只是保持某一种功能的强大，并非各方面都很完善。例如，Yahoo 尽管增加了关键词检索，仍然以其主题分类指南的功能最为成功。

四、如何选择搜索引擎

现在互联网上大大小小的搜索引擎大约有上千个之多。而且每个都声称自己是最好的。

如果随便找到一个就用，可能会事倍功半，甚至越搜索越混乱。那么什么样的搜索工具才称得上恰当呢？一般来说，有以下七条判断标准。

（一）查全率

既然是搜索引擎，那么首先要比较的就是搜索范围。

（二）搜索速度

查询速度是搜索引擎的重要指标，快速响应是基本要求。

（三）查准率

查准率对于搜索引擎也相当重要，搜到的东西即使又多又快，但想要的那条结果不知道要翻多少页才能找到，那也失去了搜索引擎的意义。好的搜索引擎内部应该含有一个相当准确的搜索程序，搜索精度高。

（四）更新速度

优秀的搜索工具内部应该有一个含时间变量的数据库信息，都是最新的和最全面的。

（五）死链接

普通搜索引擎总有些搜索结果是点不进去的，甚至达到10%，死链接的比例也被作为判断搜索引擎好坏的标准之一。

（六）易用性

搜索引擎的易用性包括搜索界面是否简洁、对搜索结果的描述是否准确。

（七）其他

还有搜索引擎的稳定性、对高级搜索的支持能力等都是评价搜索引擎的重要依据。

五、国内外常用搜索引擎

（一）国外主要搜索引擎

互联网和搜索引擎都是在国外诞生并发展壮大起来的，经过在国外技术界、产业界和学术界多年探讨、研究开发，形成了很多著名的搜索引擎，尤以美国、欧洲的搜索引擎发展得相对成熟（见表4-1）。

表 4-1　国外主要搜索引擎

英文搜索引擎名称	网址	类别/主要特点
Google	www. google. com	搜索引擎/关键词
Overture（Yahoo!）	www. overture. com	搜索引擎/PPC
yahoo	search. yahoo. com	分类目录
MSN Search	search. msn. com	搜索引擎
Look Smart	www. looksmart. com	分类目录/PPC
AltaVista	www. altavista. com	搜索引擎
Lycos	www. lycos. com	搜索引擎
Find What	www. findwhat. com	搜索引擎/PPC
Excite	www. excite. com	搜索引擎

（二）常用中文搜索引擎

与英文搜索引擎相比，中文搜索引擎的不同之处在于所采用的字符集/内码和分词技术。总体来讲，中文搜索引擎的库容量、反应速度和检索技术与英文搜索引擎相比还不算特别成熟。

1. 百度中文搜索引擎（http：//www. baidu. com）

全球最大中文搜索引擎。提供网页快照、网页预览/预览全部网页、相关搜索词、错别字纠正提示、新闻搜索、Flash 搜索、信息快递搜索、百度搜霸、搜索援助中心。

2. 新浪搜索引擎（http：//www. sina. com. cn）

互联网上规模最大的中文搜索引擎之一。设大类目 18 个，子目 1 万多个，收录网站 200 多万。提供网站、中文网页、英文网页、新闻、汉英词典、软件、沪深行情、游戏等多种资源的查询。

3. 搜狐搜索引擎（http：//www. sohu. com. cn）

搜狐于 1998 年推出中国首家大型分类查询搜索引擎，到现在已经发展成为中国影响力最大的分类搜索引擎之一。可以查找网站、网页、新闻、网址、软件、黄页等信息。

4. 网易新一代开放式目录管理系统（ODP）（http：//www. 163. net. cn）

拥有近万名义务目录管理员。为广大网民创建了一个拥有超过1万个类目，超过25万条活跃站点信息，日增加新站点信息500～1000条，日访问量超过500万次的专业权威的目录查询体系。

5. 北大天网中英文搜索引擎（http：//www. tianwang. com）

由北京大学开发，有简体中文、繁体中文和英文三个版本。提供全文检索、新闻组检索、FTP 检索（北京大学、中国社会科学院等 FTP 站点）。目前大约收集了 100 万个 WWW 页面［国内和 14万篇 News group（新闻组）］文章。支持简体中文、繁体中文、英文关键词搜索，不支持数字关键词和 URL 名检索。

（三）常用的网上学术搜索引擎

1. Google Scholar（http：//scholar. google. com/）

Google 推出的免费学术搜索工具，可以帮助用户快速查找学术资料，包括来自学术著作出版商、专业性社团、预印本、各大学及其他学术组织的经同行评论的文章、论文、图书、摘要和技术报告。

2. Scirus（http：//www. scirus. com）

Scirus 是由爱思唯尔科学公司 Elsevier Science 于 2001 年 4 月推出的迄今为止互联网上最全面的科技信息专用搜索引擎。它以自身拥有的资源为主体，对网上具有科学价值的资源进行整合，聚集了带有科学内容的网站及与科学相关的网页上的科学论文、科技报告、会议论文、专业文献、预印本等。其目的是力求在科学领域内做到对信息的全面深入收集，以统一的检索模式面向用户提供检索服务。

3. Research Index（http：//citeseer. nj. nec. com/cs）

Research Index 又名 Cite Seer，是 NEC 研究院在自动引文索引（Autonomous Citation Indexing，简称 ACI）机制基础上建设的一个

学术论文数字图书馆，它提供了一种通过引文链接检索文献的方式，目标是从多个方面促进学术文献的传播与反馈。

4. Informine（http：//infomine. ucr. edu）

Informine 是为大学教师、学生和研究人员建立的网络学术资源虚拟图书馆。它建于 1994 年，由加利福尼亚大学、威克福斯特大学、加利福尼亚州立大学、底特律·麦西大学等多家大学或学院的图书馆联合建立。它拥有电子期刊、电子图书、公告栏、邮件列表、图书馆在线目录、研究人员人名录，以及其他类型的信息资源 4 万多个。Informine 对所有用户免费开放，但是它提供的资源站点并不都是免费的，能否免费使用，取决于用户所在图书馆是否拥有该资源的使用权。

5. OAIster（http：//www. oaister. org/）

OAIster 是密歇根大学开发维护的一个优秀的开放存取搜索引擎，收集了来自 536 家学术机构的 590 万篇文档，包括开放使用期刊的文章、工作论文、讨论文章、会议论文和学位论文。可按关键词、题名、创作者、主题或资源类型进行检索。检索结果含资源描述和该资源链接。

6. SciSeek Science Directory（http：//www. sciseek. com/Sample）

SciSeek 是一个专注于科学与自然领域的搜索工具，采取人工收集处理的方式，提供农林、工程、化学、物理和环境方面的科技期刊及其他信息。

7. cnpLINKer（http：//cnplinker. cnpeak. com/）

为了给读者用户提供一个方便快捷的查阅国外各类期刊文献的综合网络平台，中图公司组织开发了 cnpLINKer（cnpiec LINK service）在线数据库检索系统，并正式开通运行。cnpLINKer 即"中图链接服务"，目前主要提供约 3600 种国外期刊的目次和文摘的查询检索、电子全文链接及期刊国内馆藏查询功能，并时时与国外出版社保持数据内容的一致性和最新性。

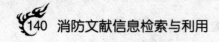

8. BASE（http：//www. base－search. net）

BASE 是德国比勒费尔德（Bielefeld）大学图书馆开发的一个多学科的学术搜索引擎，对全球异构学术资源的集成检索提供服务。它整合了德国比勒费尔德大学图书馆的图书馆目录和大约 160 个开放资源（超过 200 万个文档）的数据。

第三节　开放获取资源

一、开放获取的含义

开放获取（Open Access）是国际学术界、出版界和信息传播界为推动科研成果利用网络自由传播而发起的运动。即把经过同行评议的科学论文或学术文献放到互联网上，使用户可以免费获取，而不需考虑版权和授权的限制，以打破学术交流中的人为壁垒。开放获取的学术文献有 4 个特色：①数字化；②网络存档；③免费，无授权限制；④作者保留被存取之外的权利。

（一）开放获取期刊

1. 概述

开放获取期刊（OA 期刊）是开放获取的重要形式之一。开放获取期刊与传统期刊的区别不在于期刊的载体是纸本还是电子，而在于对期刊的访问方式和访问权限。传统的期刊（包括印本期刊和电子期刊）采用用户付费的商业模式，一般先由图书馆等机构购买，然后为其成员提供全文检索服务；或者由用户个人直接订购整刊或某篇特定文章。尽管有些电子期刊允许用户免费访问文摘或部分论文全文，但开放获取期刊提倡的是用户利用互联网就可以不受限制地访问期刊论文全文。

2. DOAJ（开放获取期刊目录）（http：//www. doaj. org）

开放获取期刊目录（Directory of Open Access Journal，简称 DOAJ）是瑞典 Lund 大学图书馆于 2003 年 5 月推出的开放获取期刊目录检索系统，DOAJ 对开放期刊的定义是指那些无须用户本人或其所属机构支付使用费用的期刊，并且允许用户进行阅读、下载、复制、分发、打印、检索或链接到全文。该目录收录的均为学术性、研究性期刊，具有免费、全文、高质量的特点。其质量源于所收录的期刊实行同行评审，或者有编辑做质量控制，故而对学术研究有很高的参考价值。遵循创作共用约定（署名保持一致），该目录及其收录期刊、论文可自由存取，任何人可以使用，目的在于改善学术期刊的可见性与可用性，增加学术文章的影响力。

3. High Wire Press

High Wire Press 是全球最大的提供免费全文的网站之一，由美国斯坦福大学 High Wire 出版社于 1995 年建立。该网站主要负责开发、维护生物医学和其他学科重要期刊的网络版，内容涉及生命科学、医学、物理科学以及社会科学方面的期刊及一些非期刊性质的网络出版物。目前，该网站收录来自 130 多家学术出版机构的电子期刊 1000 多种，文章总数达 370 多万篇，其中 140 多万篇可免费获得全文；这些数据仍在不断增加。通过该界面还可以检索 Medline 收录的 4500 种期刊中的 1500 多万篇文章的文摘题录信息。服务网址为 http：//www. highwire. org 或者 http：//intl. highwire. org（美国/加拿大以外的用户）。

4. Open J - Gate 开放获取期刊门户（http：//www. openj - gate. com）

提供基于开放获取的近 4000 种期刊的免费检索和全文链接，包含学校、研究机构和行业期刊，其中超过 1500 种学术期刊经过同行评议（Peer - Reviewed）。

5. J - STAGE （http：//www. jstage. jst. go. jp/browse/_ journallist）

J - STAGE （Japan Science and Technology Information Aggregator Electronic，日本电子科技信息服务）向全世界即时发布日本科学技术研究的杰出成果和发展，它出版的期刊涉及各个学科领域。该系统不仅包括期刊，还有会议文献、报告。文献多为英文，少数为日文。截至 2013 年，网站上所发布的内容包括 500 多种免费期刊、230 种会议录。按期刊刊名浏览，所有期刊旁边标有"FREE"的均可免费使用，注明了期刊年限。另外，还有大量独立的开放期刊网址。

（二）电子印本系统（e - Print Archive）

1. 概述

电子印本（e - Print）意思是"电子印刷"，广义的电子印本包括所有的电子出版物，指以电子方式复制学术文献。一般包括后印本（postprints）和预印本（preprints）。后印本，是指内容已经经过出版部门审核达到出版要求的文献；预印本，是指研究人员在研究取得成果后，还未在正式出版物上发表以前，而出于和同行交流的目的，以非正式发表论文的形式，自己印制一些论文单行本迅速向国内外同行散发的一种最新学术成果传播载体。以前，研究者通过邮寄方式把自己的预印本主动寄给国内外同行。有互联网后，就不再印制纸本载体的预印本，而是将论文做成电子预印本，在专门的系统或网页上发布供同行浏览。电子印本系统就是通过互联网供研究人员发布电子印本论文的一种网络数据库服务系统。它把征集到的电子印本整理后在互联网上发布出来，再通过 WWW、FTP或 E - mail 等方式供他人浏览或订阅，目前也成为一种重要的学术信息组织方式和学术信息交流平台。

2. 中国预印本服务系统（http：//prep. nstl. gov. cn 或者 ht-tp：//prep. istic. ac. cn）

中国预印本服务系统是一个实时学术交流系统，由中国科学技术信息研究所与国家科技图书文献中心联合建设，以提供预印本文献资源服务为主要目的，于 2004 年 3 月 18 日正式开通服务。该系统包含"国内预印本服务子系统"和"国外预印本门户（SINDAP）"两个子系统。

3. 奇迹文库（Qiji. CN/Eprint）（http：//www. qiji. cn/eprint）

奇迹文库是国内最早的中文预印本服务器，由一群中国年轻的科学、教育与技术工作者于 2003 年 8 月创建，为了便于教育网的用户使用，在教育网内设立有镜像站点，目前，注册用户已达 54000 多人，发布各种学术资料 18000 多项。主要收录中文科研文章、综述、学位论文、讲义及专著（或其章节）的预印本，同时也收录作者以英文或其他语言写作的资料。内容涵盖自然科学、工程科学与技术、人文与社会科学等。

4. 中国科技论文在线（http：//www. paper. edu. cn）

中国科技论文在线是由教育部科技发展中心建立的一个电子印本系统，按自然科学国家标准学科分类与代码把专业领域分为 39 类。另外在"优秀学者与主要论著"栏目下还提供有上千位中国科学家的个人情况简介、主要论著（能浏览全文）及通信地址。

（三）开放存取教学资源

随着网络的发展，网络教育在世界范围内取得很大进展，比较著名的开放教学资源如下。

1. 中国开放式教育共享协会开放式教育资源（http：//www. corc. org. cn）

中国开放式教育共享协会开放式教育资源主要由 MITOCW 中国镜像和国际精品课程导航组成，汇集了大量国内外优秀开放式课件、教学技术、教学手段等教学资源，对开展消防教育具有极高的借鉴作用。

中国精品课程是由中国教育部评审出的部分示范性课程，由中国开放式教育资源共享协会推出，网址为 http://www. core. org. cn/cn/jpkc/index. html。课件的形式有网页、PDF 文件、动画或者视频等多种形式。例如，清华大学的"大学物理"课程下面提供的资料有：课程介绍、历史沿革、教学内容、教学条件、教学方法、教学效果、课程评价、建设规划、课程特色、教学队伍、教学改革、教案案例、讲课录像、网络课程、教学资料。

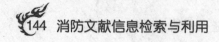

2. MIT 开放获取课件（www. ocw. mit. edu）

MIT 的开放式课件（MIT Open Course Ware）是麻省理工学院公开发布的课程资料，由 William and Flora Hewlett 基金会、Andrew W. Mellon 基金会和麻省理工学院共同资助。MIT 课件可供全世界的教师、学生和自学者免费获取浏览，可以被使用、复制、分享、翻译和修改，但仅限于非商业化的教育目的，并且必须免费供给其他使用者取用。不需要任何注册登记，但是不授予学位和证书，不提供麻省理工学院教师信息。用户可以浏览到 MIT Open Course Ware 的英文原版课程以及陆续翻译上载的中文版课程。提供的教学资源包括：讲义笔记、课程提纲、教学日程、阅读书目和专业课程分配表。可以在线注册获取每月从麻省理工学院发来的最新课程消息和新闻。

3. World Lecture Hall（世界课堂）（http：//www. utexas. edu/world/lecture）

World Lecture Hall 网站由美国 Texas 大学所建，其中收录有各个不同学科领域的课程，包括比较文学、英美文学、电影、文化研究等，在此可找到课程进度表、书目、作业设置、多媒体教材等资料，有些课程甚至有远程教学。

4. 清华大学图书馆教育资源数字图书馆（http://elib. lib. tsinghua. edu. cn/digitallibrary）

由清华大学图书馆建立的一个教学资源网站，对网上的数字化课件、备课素材、图片、课程资料、实验演示、练习、试题、题解等资源进行收集、描述和整理。

第四节　　数据与事实的网络检索

人们在从事消防生产、学习、科研或者其他日常工作中经常会遇见各种各样的事实和数据问题，如专业词汇和代码的含义，防火材料的技术性能、化工危险品的品种和特性等。数据与事实型信息的主要存储载体是印刷型参考工具书和数据与事实型数据库。按照功能和用途，主要分为数据与事实型综合数据库，字典、词（辞）典数据库、百科全书数据库，年鉴、统计资料类数据库等。

一、数据与事实型综合数据库

（一）Gale 集团参考资料库（http：//gale. cengage. com）

Gale 集团是参考书出版商和在线数据库供应商，隶属于全球著名的传媒集团汤姆森公司，以出版精确、全面、权威的工具类出版物为特色，尤其在出版人文、社会科学参考文献方面最具有权威性，其中，Gale Net 是多个参考资料数据库的集合，对检索世界范围内消防产品公司、各国消防组织/协会、消防出版物具有重要参考价值。

（二）LexisNexis 参考资料数据库（http：//www. lexisnexis. com. universe）

LexisNexis 公司创始于 1973 年，主要提供新闻、商业、法律、医学、参考类信息服务，尤以法律服务为长，通过其学术大全数据库，可以检索美国各类型的法律信息，其中也包括了大量消防法律方面的信息。

（三）万方数据知识服务平台的数据与事实型数据库（http：//www. wanfangdata. com. cn）

该数据库包括中国企业、公司及产品数据库、中国科研机构数据库、中国科技信息机构数据库、中国高等院校及中专学校数据库、中国一级注册建筑师数据库、中国百万商务数据库、中国高新技术企业数据库、外商驻华机构数据库、汉英—英汉科技词典数据库等，其中包含了大量消防事实与数据信息资源。

（四）中国经济信息网（http：//www. cei. gov. cn）

中国经济信息网，简称中经网，是由国家信息中心联合部委信息中心和省（区、市）信息中心共同组建，以提供经济信息为主要业务的专业性信息服务网络，其内容丰富，提供包括综合专辑、经济动态、经济数据、经济分析、法规政策、产品推介等栏目的大量数据、分析及个性化信息，对各行业的现状、动态、发展等进行全方位的报道与分析。中国经济信息网是互联网上最大的中文经济信息库，是描述和研究中国经济的权威网站，对消防科学研究具有重要的参考价值。

二、字典、词（辞）典数据库

（一）Dictionary. com（http：//dictionary. reference. com）

该网站共链接130多种在线语言词典以及可以即时互译的翻译器，不仅可以得到多种在线词典提供的读音与释义，而且能够获得相关网站信息。

（二）OneLook Dictionary（http：//www. onelook. com）

该网站收录1200多种词典，特别是列出了120多种专业性词典的链接，是进行专业研究解释和翻译的重要参考工具。

（三）The Oxford English Dictionary（http：//www. oed. com）

牛津英语词典的网络版，一个著名、经典、实用的翻译工具。

（四）汉典（http：//www. xdic. net）

这是一个汉语独立网络词典网站，免费检索，无须注册，除检出读音、释义和用法之外，还可以在线发声、标明字词原始出处、汉英互译、各种常用词典简表等。

（五）有道桌面词典（http：//www. youdao. com）

一款桌面词典软件——有道，这个名字取自"学之有道，方能学之有效"。有道软件从功能上说是比较完整的，具备了基本的词典软件功能。借助于强大的网络词库，很好地弥补了因为软件体积小而造成本地词库容量小的缺点。界面简单实用，占用的系统资源较小，启动时间也较短，使用过程中几乎感觉不到在运行。

（六）金山爱词霸（http：//www. iciba. com）

金山爱词霸是目前最好的线上词典工具之一。词汇量涵盖了150余本词典辞书，70余个专业领域，28种常备资料，中、日、英网际大辞海，提供在线及时更新，第一时间掌握流行词汇表。

三、百科全书数据库

（一）不列颠百科全书（http：//www. Britannica. com）

这是一套著名的，以学术性强、权威性高而驰名世界的综合性百科全书。用户除了网站的搜索引擎检索外，还提供了字顺、主题、世界地图、年表、国家、世界数据分析、年度评论等多种浏览方式，并有不列颠百科源流、热点聚焦等其他功能，让用户浏览不列颠百科全书二百多年来的历史，并提供某些专题的深度浏览和多媒体浏览。

（二）McGraw – Hill's Access Science（http：//www. access. science. com）

这是一部在线科技百科全书，能够提供科技发展最新信息，可以从 20 个大主题展开搜索，也可以输入检索词进行搜索，其内容涉及各科学技术领域，数据每日更新，对检索内容还提供浏览与网站导航，以供用户进一步研究。

（三）在线中国大百科全书（http：//www. encyclopedia. com）

在线中国大百科全书包含 66 个学科的近 10 万条目，共有 1.264 亿汉字和 5 万幅插图，提供全文检索、条目检索、分类浏览检索、按字母顺序浏览等检索方式。网站有最新动态、特色条目、事件、相关产品等栏目，还提供与其他合作网站的链接。

（四）中国知网工具书数据库（http：//gongjushu. cnki. net/refbook/default. aspx）

《中国工具书网络出版总库》收录了近 200 家出版社的字典、词典、百科全书、图录、表谱、手册、名录等共 4000 多部，含 1000 多万个条目，70 万张图片，向人们提供精准、权威、可信的知识搜索服务。其内容涵盖自然科学与人文社科各领域。本库为"十一五"国家重点电子出版物规划选题和国家重大网络出版工程，其中百科全书 688 部。

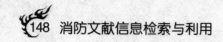

四、年鉴、统计资料类数据库

（一）Infoplease（http：//www.infoplease.com）

Infoplease 是《咨询年鉴》的网络版，它集成了世界知名的多种年鉴的内容，通过统一的搜索引擎来检索，其中包括各种统计数据、事实型资料和历史记录。

（二）中国知网的中国年鉴全文数据库（http：//www.cnki.net）

中国年鉴全文数据库是目前国内最大的连续更新的动态年鉴资源全文数据库。内容覆盖 1912 年以来基本国情、地理历史、政治军事外交、法律、经济、科学技术、教育、文化体育事业、医疗卫生、社会生活、人物、统计资料、文件标准与法律法规等各个领域，来源于中国国内的中央、地方、行业和企业等各类年鉴的全文文献。

（三）中国消防年鉴（http：//www.xfnj.cn/Index.html）

本网以消防年鉴为主，兼顾行业资讯、消防市场、消防技术、政策法规、企业名录、产品指南等。

（四）其他年鉴资料检索网站

1. World Almanac（http：//www.almanac.com）

2. 中国年鉴信息网（http：//www.chinayearbook.com）

3. 中国年鉴网（http：//www.yearbook.cn）

（五）网上统计信息检索网站

1. 联合国统计署数据库（http：//unstats.un.org/unsd）

2. 联合国发展计划署（http：//www.undp.org）

3. 联合国教科文组织统计学会（http：//www.uis.unesco.org）

4. 中国统计信息网（http：//www.stats.gov.cn）

5. 中国国务院发展研究中心信息网（http：//www.drcnet.com.cn）

第五节　消防科学常用的网络资源

一、消防科学中常用的综合性网络信息资源

（一）国内综合性科技网络信息资源

1. 中国国家图书馆（http：//www. nlc. gov. cn）

中国国家图书馆是综合性研究图书馆，是国家总书库，履行搜集、加工、存储、研究、利用和传播知识信息的职责。国家图书馆是全国书目中心、图书馆信息网络中心。承担着为中央国家领导机关，重点科研、教育、生产单位和社会公共服务的任务。由于我国实行呈缴本制度，国家图书馆是这一制度的法定单位，所以它收藏的消防图书是最全的，包含了新中国成立以来出版的所有有关消防科学文献的图书、大量的外文图书以及海量的消防信息资源。

2. 中国数字图书馆（http：//www. d－library. com. cn）

中国数字图书馆是依托中国国家图书馆丰富的馆藏资源和国家数字图书馆工程资源建设联盟成员的特色资源，借助遍布全国的公共图书馆组织与服务网络，主要提供专业性、系统性、主动性的多媒体资讯服务。

3. 国家科技图书文献中心（http：//www. nstl. gov. cn）

国家科技图书文献中心由中国科学院文献情报中心、工程技术图书馆、中国农业科学院图书馆、中国医学科学院图书馆组成，承担着国家科学图书馆的职能和任务，是我国最主要的科技文献信息资源共建共享组织之一。该中心购买的美国《科学》杂志、英国皇家学会4种"会刊"和"会志"，以及英国 Maney 出版公司出版的15种材料科学文献的电子版全文期刊，可进行免费浏览、阅读和下载。

4. 中国科学院文献情报中心（http：//www. las. ac. cn）

中国科学院文献情报中心是我国最主要的科技信息服务机构，

主页上收集了大量网络学术信息资源，主要包括"学科门户网站"、"网络科技信息资源推介"、"电子期刊服务系统"、"网络数据库"等。

5. 中国科学技术信息中心（http：//www. istic. ac. cn）

中国科学技术信息中心（原中国科学技术信息研究所）成立于1956年，是国家科学技术部直属的国家级综合性科技信息机构。主要从事科技文献收藏与服务、数据库建设、信息分析研究、信息服务网络基础设施建设等业务，面向政府部门、科研机构、高等院校和行业企业等社会各界提供信息服务。该中心开发的万方数据资源系统是一个覆盖范围广、检索功能强大的系统。

6. 科学数据库（http：//www. sdb. ac. cn）

科学数据库由中国科学院计算机网络信息中心开发，为免费的文摘型数据库，目前已建成国内信息量最大、学科专业最广、服务层次最高、综合性最强的科学信息服务系统。科学数据库专业数据库已达到180个，总数据量达7250亿字节（725GB）。并形成了专业咨询系统、过程模拟系统、科研信息服务系统等，进行深层次的专业咨询和增值服务，直接服务于科学研究和国家经济建设。

7. 中国高等教育文献保障系统（http：//www. calis. edu. cn）

中国高等教育文献保障系统（China Academic Library & Information System，简称CALIS），是经国务院批准的我国高等教育"211工程"、"九五"、"十五"总体规划中3个公共服务体系之一。CALIS的宗旨是，在教育部的领导下，把国家的投资、现代图书馆理念、先进的技术手段、高校丰富的文献资源和人力资源整合起来，建设以中国高等教育数字图书馆为核心的教育文献联合保障体系，实现信息资源共建、共知、共享，以发挥最大的社会效益和经济效益，为中国的高等教育服务。

CALIS管理中心设在北京大学，下设了文理、工程、农学、医学4个全国文献信息服务中心，华东北、华东南、华中、华南、西北、西南、东北7个地区文献信息服务中心和一个东北地区国防文献信息服务中心。

8. 中国科技网（http：//www. cnc. ac. cn）

中国科技网是国家知识创新工程的基础设施，主要为科技界、科技管理部门、政府部门和高新技术企业服务，是一个非营利、公益性网络。其中汇集了化学化工类、材料类、能源类等与消防科学联系密切的大量数据库，可直接链接到数据库进行检索

9. 中国教育和科研计算机网（http：//www. edu. cn）

中国教育和科研计算机网（CERNET）是由国家投资建设，教育部负责管理，清华大学等高等学校承担建设和管理运行的全国性学术计算机互联网络。CERNET 分四级管理：全国网络中心、地区网络中心和地区主节点、省教育科研网、校园网。全国网络中心设在清华大学，负责全国主干网运行管理。地区网络中心和地区主节点分别设在清华大学、北京大学、北京邮电大学、上海交通大学、西安交通大学、华中科技大学、华南理工大学、电子科技大学、东南大学、东北大学 10 所高校，负责地区网运行管理和规划建设。

10. 其他重要的综合性资源网站

（1）中国工程技术信息网（http：//www. cetinnet. cn）

（2）科学网（http：//www. sciencenet. cn）

（3）中国研学资源网（http：//www. yxres. com）

（二）国外综合性科技网络信息资源

1. DIALOG 系统（http：//www. dialog. com）

DIALOG 系统是当今世界上最大的国际联机情报检索系统，拥有 600 多个数据库，占世界机读文献总量的 80% 以上。其数据库专业范围涉及各个学科。收集的文献类型有：书报、期刊论文、博士学位论文、会议录、进展中的研究报告、世界专利工业标准、政府报告、市场行情、学会论文、技术报告、银行投资研究报告、公司厂商名录、经济预测、统计数据、新产品通告、广告、商标等。DIALOG 的数据是由著名科技学会和信息与研究机构提供，对大型消防科研项目的查新和资料的查找具有重要作用。

2. Web of Science（http：//www. isenet. com）

详细介绍见本书第三章第六节。

3. 英国 INSPEC（http：//www. inspec – international. com）

INSPEC（Information Service in Physics Electro – Technology Computer and Control）由英国机电工程师学会（IEE，1871 年成立）出版，是全球著名的科技文摘数据库之一，是理工学科最重要、使用最为频繁的数据库之一，是物理学、电子工程、电子学、计算机科学及信息技术领域的权威性文摘索引数据库。

4. 联机计算机图书馆中心（http：//www. oclc. com）

联机计算机图书馆中心，简称 OCLC，是世界上最大的文献信息服务的机构之一。它是一个非营利性组织，目前为全世界 80 多个国家和地区的 4 万多家图书馆提供互借服务，通过 OCLC 的服务可以最大限度地降低图书馆成本和读者利用图书馆的成本。其检索工具是 First Search，利用 First Search 可以检索到 80 多个数据库，这些数据库绝大多数由美国的国家机构、联合会、研究院、图书馆和大公司等单位提供，并高频率地进行更新。数据库的记录中有文献信息、馆藏信息、索引、名录、全文资料等内容。资料的类型有书籍、连续出版物、报纸、杂志、胶片、计算机软件、音频资料、视频资料、乐谱等。

二、与消防科学密切联系的基础学科网络信息资源

（一）物理学网络信息资源

1. 国内物理学网络信息资源

（1）物理数学学科信息门户（http：//phymath. csdl. ac. cn/）

物理数学学科信息门户网站是由国家科学数字图书馆于 2002 年 1 月首批启动的 22 个项目之一。网站搜集中、英文数理学科信息资源，其中物理分类采用《国际物理分类法》，它是国际上权威的物理学文献数据库分类体系。包含物理学各分支、物理学在各个工程技术领域的应用学科，还包含物理学交叉学科、新技术与物理

学的关系等内容，对研究消防科学具有重要的参考价值。

（2）物理资源网（http：//physweb.51.net/index htm）

物理资源网成立于 2001 年，宗旨是为广大物理学工作者和物理系的学生提供网络服务，以提高物理教学科研水平。本网站对 Internet 中的物理资源进行了系统的介绍，重点介绍了美国和欧洲主要国家的物理网站、物理期刊。利用本网站介绍的物理站点，可以方便地进行文献检索、物理会议查询、物理教学相关资料的查询和世界各大学物理系的查询，可以方便快捷地了解当今世界各国物理教学科研的最新进展。

（3）中国物理学会（http：//www.cps–net.org.cn/）

中国物理学会（Chinese Society of Physics）成立于 1932 年，是在中国科学技术协会领导下的群众性学术团体，现有个人会员约 40000 人。该学会主办的刊物有 11 种，学会及其所属各分支机构每年举行国内、国际学术会议约 60 次。

（4）香港科技大学图书馆中国物理文献数据库（http：//library.ust.hk/res/beyond/alphabetical.listing/index.html）

它是一个文摘数据库，收录了 1987 年以后出版的 200 余种中文期刊的物理文献，现有数据 6 万余条，提供题名、作者、关键词、分类号、母体文献以及文摘全文检索等检索点。

（5）中国工程物理研究院（http：//www.caep.ac.cn/）

中国工程物理研究院（简称中物院，原简称九院）创建于 1958 年，在国家计划单列的相对独立的科研事业单位，是以发展国防尖端科学技术为主的理论、实验、设计、生产的综合体。中国工程物理研究院拥有 12 个研究所、100 余个科研室和 30 多个生产车间及 3 万多台（套）各类先进设备仪器，主要从事冲击波与爆轰物理；核物理、等离子体与激光技术；工程与材料科学；电子学与光电子学；化学与化工；计算机与计算数学等学科领域的研究及应用。已形成专业门类齐全、先进设备与技术保障能力相配套的科研生产基地。中物院设有研究生部，在相关学科具有一级和二级学科博士授予权。有物理、数学、核科学与技术、力学等博士后科研流动站。

2. 国外物理学网络信息资源

（1）Physics Web（全球物理学资源服务器）（http：//physicsweb. org）

包括新闻、物理世界、物理职业、物理资源、事件、IOP 成员、出版物、检索等栏目。

（2）物理学网络资源（http：//www. physlink. com）

PhysLink 由 McMaster University 物理系学生 Anton Shorucak 于 1995 年建立，力图为物理研究和教育提供一个全面的网络资源门户站点。其信息和服务包括：重要文章（Cover Story）、请教专家（Ask Experts）、就业机会（Physics Jobs）、科学软件资源站点目录（Science Software）、科技参考资料（Science Reference）、物理院系（Physics Departments）、物理学会（Physics Societies）、科学期刊（Scientific Journals）、研究生咨询（Graduate Advisor）、物理新闻（Physics News）、高科技公司（High Tech Companies）等。

（3）IOP 皇家物理学会全文数据库（http：//www. iop. org/EJ/）

英国皇家物理学会成立于 1874 年，现今会员已遍布世界各地。其下属的非营利性出版机构英国物理学会出版社是全球最大的物理及相关学科的信息传播机构之一。其出版物包括 Journal of Physics A－E 在内的 35 种物理学领域的核心刊物、几百种书籍和各种参考文献。

（4）APS 美国物理学会全文数据库（http：//scitation. aip. org/）

APS（American Physical Society，美国物理学会）数据库包含 8 种电子期刊（1893 年以来）。2003 年，全国工程文献信息中心以组团方式购买了该数据库的使用权。

（5）AIP 美国物理研究所（http：//www. aip. org/）

AIP（American Institute of Physics，美国物理所）数据库包含 10 种电子期刊（大多数是 1975 年以来）和 2000 年 1 月以来的所有电子会议录（AIP Conference Proceedings）。2003 年，全国工程文献信息中心以组团方式购买了该数据库的使用权。

（二）化学网络信息资源

1. 国内化学网络信息资源

（1）中国化学会（http：//www. ccs. ac. cn）

中国化学会是从事化学或与化学相关专业的科技、教育工作者自愿组成并依法注册登记的学术性、公益性法人社会团体，是中国科学技术协会的组成部分，是我国发展化学科学技术的重要社会力量。中国化学会出版的期刊有：《化学学报》、《化学通报》、《高分子学报》（原名《高分子通讯》）、《化学教育》、《色谱》、《物理化学学报》、《无机化学学报》、《分析化学》、《有机化学》、《大学化学》和《化学通讯》等。

（2）化学信息网（http：//chemport. ipe. ac. cn/）（http：//chin. csdl. ac. cn/SPT – Home. php）

化学信息网（简称 ChIN）是由中国科学院过程工程研究所（原化学冶金研究所）创建，1990 年由联合国教科文组织 UNESCO 发起的旨在推动化学信息交流的项目，随后成为亚洲化学联合会 FACS 的项目。化学信息网是一个关于 Internet 化学化工综合性资源的导航系统，以 Internet 化学化工资源的系统研究为基础，注重对资源的评价和精选，并采用积累信息源知识的方法，为资源建立了反映其概貌和特征的简介页，建立相关资源简介页之间的链接。ChIN 的信息非常丰富，包含 4856 项简介页，有新闻、会议、数据库、期刊、图书、专利、产品、教学、人物、软件、论坛等各种信息资源。用户通过网络即可免费查阅 ChIN 建立导航索引的化学化工信息资源。

（3）化学在线（http：//www. chemonline. net/）

化学在线下设化学之门、化学村、化学软件、网络教育四个板块，是学习研究化学科学的一个非常有价值的常用网站。化学之门是一个免费为教育科研提供服务的网站，它收录和组织化学化工专业网站，收录的资源大部分是化学化工的英文网站，为了阅读方便，特设置了"翻译"功能，即在阅读英文信息的时候，只要用鼠标点击浏览器最顶部的"ChemDoor"图标，等待一会儿，这个网站将会自动变成中文网站。化学村是化学化工工作者的理想乐园，在这里你可以交友、讨论所有化学化工相关问题、寻求合作以及得到最新信息等。

（4）化学专业数据库（http：//www. organchem. csdb. cn/default. htm)

它是中国科学院上海有机化学研究所承担建设的综合科技信息数据库的重要组成部分，是中国科学院知识创新工程信息化建设的重大专项。上海有机化学研究所的数据库群是服务于化学化工研究和开发的综合性信息系统，可以提供与化合物有关的命名、结构、基本性质、毒性、谱学、鉴定方法、化学反应、医药农药应用、天然产物、相关文献和市场供应等信息。化学专业数据库目前规划有14个方面的数据内容，分别是化合物结构数据库、化学反应数据库、红外谱图数据库、质谱谱图数据库、荧光和拉曼光谱数据库、化学物质分析方法数据库、药物与天然产物数据库、中药与有效成分数据库、化学配方数据库、毒性化合物数据库、化工产品数据库、中国化学文献数据库、化学核心期刊数据库和化学网络资源数据库等。

（5）中国科学院化学研究所（http：//www. icas. ac. cn)

1956年成立于北京。是一个综合性化学研究所，其方针任务为进行基础研究和应用研究，为化学科学发展和国家经济建设需要服务。化学研究所的主要学科方向为高分子科学、物理化学、有机化学、分析化学。面向世界科技前沿，化学研究所坚持科学技术的原始创新；面向国家战略需求，化学研究所不断加强高技术创新和集成，高度重视化学与生命、材料、环境、能源等领域的交叉，在分子与纳米科学前沿、有机高分子材料、化学生物学、能源与绿色化学领域取得新的突破，建设和完善面向国家重大战略需求的先进高分子材料基地。

（6）其他的重要国内化学网站

①中国化工电子商务网（原名为"化学世界"）（http://ccecn. com/search/）

②北京大学化学信息中心（http：//www. chem. pku. edu. cn/）

③厦门大学化学化工学院资源导航（http：//210. 34. 14. 15/navigation. /mam. html）

2. 国外化学网络信息资源

（1）Chemdex（http：//www. chemdex. org）

由英国 Sheffield 大学化学系和 Mark Winter 博士于 1993 年创建，是著名的化学信息资源导航服务站点。其导航系统共分 13 个大类，向下划分为 3 ~ 5 层目录结构，分类相对较为系统，包括了化学专业的各个分支，提供关键词检索和高级检索两种功能。

（2）WWW Chemistry Resources（http：//www. chem. ucla. edu/chempoint – ers. html）

该网站可链接到与化学学术组织和出版物及其他有关化学资源的网站，还包括 Gopher、FTP、Usenet 资源。

（3）Links for chemists（http：//www. liv. ac. uk/chemistry/links/links. html）

是英国 The University of Liverpool 化学系建立和维护的专门为化学家提供网络化学化工资源导航服务的站点。它得到了英国皇家化学会和 Advanced Chemistry Development, Inc. 的支持，该网站收录的化学资源可能是世界上最多和最全面的。

（4）Cheminfo（http：//www. indiana. edu/ ~ cheminfo/）

美国印第安纳大学化学信息综合网站，其中部分内容是该大学化学图书馆 Gary Wiggins 所编。其中作为资源导航的部分称为 SIRCh（Selected Internet Re – sources for Chemistry），是化学领域最经典和最广为人知的资源导航系统。

（5）Rolf Claessen's Chemistry Index（http://www. claessen. net）

为化学家提供了一个很好的 WWW 入口，提供了几千个资源链接，内容包括化学站点、化学数据库、化学期刊、就业、网上出版物、软件、专利、化学反应等，更新较为及时。

（6）Chemistry Resource on the Internet （http://www. lib. berkeley. edu/chem）

由美国 University of California，Berkeley 化学图书馆创建和维护，包括数据库、化学数据检索工具、电子期刊、化学安全与健康、专利信息、网络化学资源导航等栏目，其中的电子期刊栏目罗列了许多与化学化工相关的期刊，而且对加利福尼亚数字图书馆中收集的 5000 多种电子期刊进行关键词检索。

（7）Chemistry Server （http：//www. isi－webofknowledge. com）

美国 ISI 公司的 Chemistry Server 是专门为满足化学与药学研究人员的需求而设计的化学反应数据库。收集了全球核心化学期刊和发明专利的所有最新发现或改进的有机合成方法，提供最翔实的化学反应综述和详尽的实验细节，以及化合物的化学结构和相关性质，包括其制备与合成方法。每年增加 20 多万种新化合物的详细资料。

（8）美国化学学会 （ACS） 数据库 （http：//pubs. acs. org 或 http：//www. chemistry. org/）

美国化学学会 （American Chemical Society，简称 ACS） 成立于 1876 年，是世界上最大的专业科技学会之一。ACS 的期刊被 ISI 的 Journal Citation Report （JCR） 评为化学领域中被引用次数最多的化学期刊，其出版的 34 种纸本期刊，其中 30 种有电子版，每一种期刊都回溯到期刊的创刊卷，最早的到 1879 年。

中国高等教育文献保障系统 （CALIS） 全国工程文献信息中心组织参与集团采购的 54 所大学图书馆和中国科学院文献情报中心都已引进 ACS 数据库。登录后，34 种期刊可全部免费阅览全文。

（三）电工技术网络信息资源

1. 国内电工技术网站

（1）中国科学院电工研究所（http：//www. iee. ac. cn）

中国科学院电工研究所是以高技术研究发展为主的电工专业科研基地型研究所，是以发展电工电能新技术为学科方向的国家科研机构，在全国电工科技布局中具有独特的地位。

（2）中国电工技术学会（http：//www. ces. org. cn/zywyh/index18. htm）

中国电工技术学会（China Electrotechnical Society，简称CES）成立于1981年，是全国电工科学技术工作者和全国电工界的企事业单位自愿组成的、非营利性的学术性社会团体。中国电工技术学会的专业领域为：电工理论的研究与应用；电工新技术的研究与开发；电工装备与电器产品的设计、制造、测试技术；电工材料与工艺；电工技术与电气产品在电力、冶金、化工、石油、交通、矿山、水工业、轻纺等系统及各工业领域中的应用。有期刊《电工技术学报》和《电工技术杂志》。

（3）中国电工网（http：//www. chinaet. net/）

中国电工网是由国家科技部西南信息中心书刊事业部创办的，定位于中国电工行业的专业网站。网站以《电工技术》杂志为依托，提供新闻资讯、供求信息、电工论坛、《电工技术》电子版、网上书店、企业及产品数据库查询等服务。

（4）全国电工仪器仪表标准化信息网（http://www. tc104. com）

由全国电工仪器仪表生产力中心主办。

2. 国外电工技术网站

（1）EEM（http：//www. eemonline. com/）

EEM是一个寻找、评价和购买电子器件的在线资源。EEM将免费提供超过6000个产品和供应者的信息。从中能找到关于包括制造商的信息、产品、位置、联系信息和网站的链接。

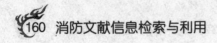

（2）电力研究学会（http：//www. epri. com）

研究电力发电和传输的改进，另有期刊、新闻和报告等。

（3）美国电力研究所（http：//www. esri. com）

隶属于美国电力研究协会（EPRI），成立于1973年，包括6个研究所。主要从事煤炭燃料、核电和新能源发电研究以及环境保护、输电和能源管理的研究；还负责美国公用电力公司和其他一些公用公司的发展计划工作，协调国家电力工业的研究和发展工作。

（4）Japanese Central Research Institute of Electric Power Industry（CRIEPI）（http：//www. criepi. denken. or. jp/）

日本的电力研究和开发工作，由各大学和国立研究机构进行基础研究，电力制造企业则从事以设备和材料为中心的研究开发，电力公司和中央电力研究所在上述研究的基础上进行应用研究，以提高电厂运行水平和经济效益。中央电力研究所是日本的主要电力科学研究机构，成立于1951年，主要进行电力系统、超高压、能源和环境保护技术、土木工程等方面的研究。

（5）电气工程师学会（IEE）（英国）（http：//www. iee. org. uk）

英国电气工程师学会是欧洲最大的工程专业人员学会，其宗旨是促进电子工程科学的进一步发展。

（6）国际电工技术委员会（IEC）（瑞士）（http：//www. lec. ch）

国际电工技术委员会成立于1906年，至今已有100多年的历史。它是世界上成立最早的国际性电工标准化机构，负责有关电气工程和电子工程领域中的国际标准化工作。

IEC标准的权威性是世界公认的。IEC每年要在世界各地召开一百多次国际标准会议，世界各国的近10万名专家在参与IEC的标准制定、修订工作。IEC现在有技术委员会（TC）95个；分技术委员会（SC）80个。IEC标准在迅速增加，1963年只有120个标准，截至2012年12月底，IEC已制定了12200个国际标准。

（7）IEEE 电力工程学会（美国）（http：//www. Ieee. org/pow-er/power. html）

（四）建筑科学网络信息资源

1. 国内建筑科学网站

（1）中华人民共和国建设部（http：//www. cin. gov. cn/）

有行业动态、政策法规、标准定额、教育培训、资料订购、下载中心等板块。出版的刊物有《建筑》和《建筑科技》，前者创刊于 1954 年，是我国建筑行业的权威杂志。

（2）中国建筑科学研究院（http：//www. cabr. com. cn/）

中国建筑科学研究院是建设部直属最大的综合性科学研究机构，以建筑工程为主要研究对象，以应用研究和开发研究为主，致力于解决我国工程建设中的关键技术问题；负责编制与管理工程建设技术标准和规范；承担国家建筑工程、空调设备、电梯和化学建材的质量监督检验和测试任务。其科研工作涵盖了建筑结构、工程抗震、地基基础、建筑物理、智能化建筑、建筑 CAD、建筑环境与节能、建筑机械与施工、新型化学建材、建筑防火、建筑装修等专业中的 79 个研究领域。主办《建筑科学》、《工程质量》、《建筑机械》、《建筑机械化》、《中国电梯》、《工程抗震》，协办《建筑结构学报》和《土木工程学报》等专业刊物。

（3）中国建筑设计研究院（http：//www. cadreg. com. cn/）

中国建筑设计研究院是以原建设部建筑设计院、中国建筑技术研究院为母体，吸纳中国市政工程华北设计研究院、建设部城市建设研究院，于 2000 年 4 月组建的科技型中央企业，隶属于国有资产监督管理委员会管理。

（4）中国建筑学会（http：//www. chinaasc. org/）

中国建筑学会成立于 1953 年，编辑出版的刊物有《建筑学报》、《建筑结构学报》、《建筑知识》、《工程勘察》、《建筑经济》、《小城镇建设》、《工程抗震》、《建筑电气》、《暖通空调》、《建筑热能通风空调》、《施工技术》。

（5）中国建筑搜索引擎（http：//www. masonry. cn/web/index. html）

收集建筑设计、建筑材料、建筑论坛、监理施工、结构计算、房产开发、科研院校、软件下载等方面的网络信息。

2. 国外建筑科学网站

（1）Architecture Web Sites（http：//www. bc. edu/bc _ org/avp/cas/fnart/）

由 Boston College 的 Jeffrey Howe 创建，是与建筑相关资源的列表。内容很详细，按字母顺序排列。

（2）Art Architecture and Engineering Library（http：//library. nevada. edu/arch/rsrce/）

由 Nevada 大学建筑学图书馆馆员 Jeanne Brown 所建，收集关于建筑学各个方面的网络资源。

（3）美国土木工程协会全文电子期刊数据库（http：//ojps. aip. org/）

美国土木工程协会（The American Society of Civil Engineers，简称 ASCE），成立于1852年，至今已有150多年的悠久历史。目前已和其他国家的65个土木工程学会有合作协议，所服务的会员有来自159个国家超过13万的专业人员。ASCE 也是全球最大的土木工程出版机构，每年有5万多页的出版物。学会出版物包括30种技术和专业期刊，以及各种图书、会议录、委员会报告、实践手册、标准和专论等。

ASCE 出版的期刊大部分被 SCI、EI 收录，是土木工程学科的主要核心期刊。

ASCE 出版的30种电子期刊可通过 Scitation 平台访问，进入后在"Select"选项框中选择"By Publisher"，点击"GO"，在"Publisher"选项框中选择"ASCE"就可以看到它的期刊列表，最早回溯到1995年，全文提供 PDF。

（4）英国土木工程师学会数据库（http://www.iceknowledge.com/）

英国土木工程师学会（ICE）虚拟图书馆拥有世界上最全的土木工程类科技论文全文在线文献资源。其中收录了自 1836 年至今出版的所有同行审评（peer - re - viewed）的文章。它的主要特点：权威的学会，权威的出版物，完整地展现近 200 年土木工程的实践和研究，堪称目前全球最完整的土木工程全文资料源；收录了逾 2 万篇文章；便捷的检索方式，细化为篇名、主题词、作者、地点、国家及时间检索；完整囊括了 ICE 出版的 Proceedings Package 8 种学报的全部内容。

（5）International Architectural Database（http://eng. archinform. net/index. htm）

全球最大的在线建筑学数据库之一，包含 13000 个建筑工程的信息。可按城市、建筑师、关键词进行检索。

（6）国际建筑师协会（http：//www. uia - architectes. org/）

1948 年 6 月 28 日成立于瑞士洛桑，当时有 27 个国家建筑界的代表。现有会员组织 95 个，临时会员组织 3 个，出版国际建筑师协会会讯（月刊）、会员名册、大会和学术会议文集以及有关建筑和城市建设文献。

三、消防专业网络信息资源

（一）国内外主要消防网站

1. 国内主要消防网站

（1）公安部消防局（http：//www. 119. gov. cn/xiaofang）

本网站为中国消防领域最主要、最权威的官方网站。网页内容非常丰富，主要有：中国消防队伍建设与管理；消防法律法规建设与管理；消防监督管理；灭火救援；火灾事故调查与火灾统计；公共消防设施和消防通信及消防装备建设；消防科技与消防产业；消防院校及教育培训；社会消防宣传教育培训。

（2）中国消防在线（http：//119. china. com. cn）

本网站是为了深化政府上网工程，促进中国消防信息化和电子政务建设，让消防走进社会，让社会了解消防，由公安部消防局主办的政府官方网站，2005 年 1 月 25 日正式在国际互联网运营。中国消防在线致力于报道国家最新消防法制建设，弘扬消防社会公益精神，展示消防队伍建设风貌，普及消防基础知识，提高全民消防素质。内容丰富，客观公正，及时权威，方便适用。网站设立信息发布、消防教育、法制宣传、为民服务、学习交流等栏目，提供资料共享、软件下载等网上开放平台，并介绍消防工程、产品供求信息，满足消防市场需求。本网站还有多个与消防有关的数据库，如中国消防标准规范、消防法律法规、消防产品论证检测等。

（3）中国消防协会（http：//www. cfpa. cn/manage/html/index. html）

中国消防协会是 1984 年经公安部和中国科学技术协会批准，并经民政部依法登记成立的由消防科学技术工作者、消防专业工作者和消防科研、教学、企业单位自愿组成的学术性、行业性、非营利性的全国性社会团体。经公安部和外交部批准，中国消防协会于1985 年 8 月正式加入世界义勇消防联盟。2004 年 10 月正式加入国际消防协会联盟，2005 年 6 月被选为国际消防协会联盟亚奥分会副主席单位。公开出版刊物有《中国消防》、《消防技术与产品信息》、《消防科学与技术》。

（4）中国消防产品信息网（http：//www. cccf. com. cn）

中国消防产品信息网于 2001 年 10 月建成，由公安部消防局主办，公安部消防产品合格评定中心承办。凡符合准入规则的消防产品信息，经强制性产品认证合格或者技术鉴定合格的消防产品，一律通过该网站向社会公开发布。中国消防产品信息网是向社会公众开放的公益性的网站，不登广告，不收取任何费用。网站设立了消防产品准入信息发布、产品质量监管信息通报、政策法规查询、消防科技动态、新闻动态、公告通知、网上咨询和投诉等栏目。网站内容翔实，查询方式便捷，信息安全性高，并有消防产品质量认证网上办理系统和消防产品身份信息管理系统，为消防产品市场准入业务办理带来极大的便利，为消防产品质量跟踪和有效监管提供有力的技术支持。多年来，各地公安消防机构以及消防产品的生产、销售和使用单位，通过该网站，准确、快捷地获得消防产品的质量信息，在消防产品质量监管和社会单位选用消防产品等方面，发挥了积极的作用。

（5）人民消防网（http：//119. people. com. cn）

人民消防网由公安部消防局和人民网联合推出，立足于全国公安消防队伍的宣传报道，弘扬典型、追踪热点、即时发声。通过文字、图片、视频等多种方式全方位展现全国公安消防部队风采。

（6）消防人网（http：//www. china－fireren. com）

本网站是中国消防行业的重要门户网站，是消防人士相互交流的一个重要平台，主要栏目有消防新闻、消防常识、消防技术、消防标准、下载中心、典型案例、消防百科、消防论坛等组成。

（7）中国消防工程网（http：//www. xfgcw. com/bbs）

中国消防工程网成立于 2008 年 8 月 8 日，是国内重要的消防行业门户网站、主流媒体之一。提供专业的 B2B 电子商务、网络营销等互联网应用服务。是消防企业网络营销、网上推广、开拓市场、提高品牌价值、获取资讯、建设商务网络的重要平台。中国消防工程网建立了商业资讯、采购中心、人才市场、消防论坛四大平台；并拥有商机、品牌、企业、产品、人才五个专业数据库；能够为企业提供全面的网络营销、在线广告、电子商务、人才招聘等互联网解决方案。

（8）中国防火建材网（http：//www. fire－testing. net/）

中国防火建材网由国家防火建筑材料质量监督检验中心（以下简称质检中心）承建，质检中心是经公安部和原国家标准局批准建立，于 1987 年经原国家标准局正式验收并授权成为全国首批具有第三方公正性地位的、法定的国家级产品质量监督检验机构。

质检中心行政上受公安部消防局领导，检验业务上受国家认证监督委员会和公安部消防局指导。质检中心除了承担检验任务外，还开展建筑材料燃烧性能、电线电缆燃烧性能、防火材料产品等标准的制定（修订）、检测技术的研究和检验设备的研究开发等工作。质检中心会同全国消防标准化技术委员会加大了检验标准及产品标准的宣传力度。质检中心还开展了企业质量管理体系咨询和产品质量跟踪检验服务、燃烧性能等级标识服务、公共场所阻燃标识服务等工作。质检中心还承担了全国消防标准化技术委员会防火材料分技术委员会（TC113/SC7）秘书处的工作，负责防火材料标准化技术归口管理。

（9）环球消防网（http：//www.globalfire.cn/）

环球消防网是集火灾新闻、消防事故报道、消防工程、消防招标、消防企业查询、消防文献、消防知识、消防规范、消防条例、消防论文、消防人才等为一体的消防网站。

（10）中国防灾安全网（http：//www.dps.org.cn）

中国防灾安全网作为中国一个以预防灾害为宗旨的综合性在线网络平台，立足"预防灾难、服务中国"的视野，全面展示中国社会各阶层在认知灾难、应对灾难、慈善行动等方面所体现的科学预防、科学预警、科学救助的前沿信息和有效行动，并整合各方资源，普及防灾知识、倡导慈善爱心、构建服务体系，助推中国发展。该网站有大量消防知识，特别是对消防部队抗灾救援等具有重要的参考价值。

（11）中国消防设备门户（http：//www.sq119.com）

中国消防设备门户提供消防资讯、消防市场信息、消防知识、消防科技、消防法规、消防认证、消防器材、消防产品技术、消防安全研究、消防展会、社会化消防、消防科普等。

（12）慧聪消防网（http：//www.fire.hc360.com）

慧聪消防网是国内领先的B2B消防产品电子商务服务提供商，依托其核心互联网产品买卖通以及雄厚的传统营销渠道，慧聪消防网对消防产品资讯、行业分析报告等提供线上和线下服务，在消防产品领域具有一定的影响力。

2. 国外主要消防网站导航

（1）国际消防长官协会（http：//www. iafc. org）

国际消防长官协会（International Association of Fire Chiefs，简称 IAFC），成立于 1873 年，其宗旨是推进职业消防工作，更好地保护公民人身和财产安全。会员主要为各地消防局局长和主要官员、各州消防局局长。准会员包括各消防局普通官员。赞助会员包括消防产品生产企业和支持消防工作的个人。其他会员包括终身会员、终身准会员、终身荣誉会员。下设 20 个委员会，包括纵火、建筑规范、自动报警、教育培训、防火、义务、城市、乡村、研究、紧急事故、公关、装备、危险品等。

（2）国际消防员协会（http：//www. iaff. org）

国际消防员协会（International Association of Fire Fighters，简称 IAFF），成立于 1918 年，会员集中在美国和加拿大，这些会员同时是美国工会联盟、美国工业组织大会和加拿大工会大会的会员。

任何从事有偿消防服务的人员（包括紧急救助和医务人员），均可申请加入 IAFF。协会为会员提供以下服务：消防员的人身安全咨询、法律咨询、劳工关系咨询等。

协会主办刊物为《国际消防员》月刊。另外每年还出版一系列调查报告，如《消防员伤亡调查报告》、《劳工关系指南》、《工资与工作环境调查》等。

（3）国际消防技术委员会（http：//www. ctif. org/）

国际消防技术委员会（International Technical Committee for the Prevention and Extinction of Fire，简称 CTIF），于 1900 年 8 月 13 日在巴黎成立，该技术委员会致力于服务消防、灾害救援、减灾救灾以及减轻环境灾害等领域，积极开展国际技术交流，在平等合作的基础上为世界各国消防队、消防救援组织的代表成员提供服务。主要工作包括制订工作计划，收集消防与救援的相关理论和实践数据及经验，出版消防、救援、减灾等领域的理论与实践经验论文、评论等，研究分析消防、救援领域技术与实践理论和经验并提出合理化建议，定期组织成员会议，举办国际论坛、展览，与其他国际组织合作。

（4）国际火灾安全科学协会（http：//www.iafss.org）

国际火灾安全科学协会（International Association for Fire Safety Science，简称 IAFSS）是国际上公认的、学术权威性最高的、影响力最大的火灾科学学术组织，由"火灾科学与消防工程"学科类国际知名科学家组成。该协会主办的国际火灾科学大会是三年一届的系列性国际学术会议。会上，有来自世界各国的火灾科学与消防工程专家、学者发表学术论文，内容立足火灾科学研究的最前沿，涉及火灾科学的基础理论研究和工程应用研究等各个领域。

（5）消防工程师学会（http：//www.sfpe.org）

消防工程师学会（Society of Fire Protection Engineers，简称 SF-PE），成立于 1950 年 7 月 15 日，是代表消防工程技术人员（消防工程师及相关技术人员）的非营利专业机构。SFPE 是国际消防安全工程学会（IFSEI）和美国工程学会联合会（AAES）的成员机构。

消防工程师，是指专门从事消防安全工程（消防安全工程学就是研究火灾理论及在工程中应用的一门新兴工程科学）研究和应用的人员。消防工程师通过对火灾及其规律的研究，开展建筑防火设计。消防工程人员可在消防部门任职，也可在建筑部门任职，同时也可受雇于保险公司对承保建筑的火灾安全性进行评估。由于其责权很大，对消防工程师的资格审查要求也就相当严格。每年的消防工程师执照考试由美国工程学及测量考试委员会（National Council of Examiners for Engineering and Surveying）主考，SFPE 的几个义务专业委员会负责其中消防部分的试卷评卷工作。

（6）国际消防教官学会（http：//www.isfsi.org）

国际消防教官学会（International Society of Fire Service Instructors，简称 ISFSI），成立于 1960 年，由负责训练消防官员、消防队员和急救队员的人员组成。该学会的目标是通过更好的训练和教育帮助消防长官成长，通过向消防教官提供继续提高水平的条件，积极地发挥消防教官在整个消防机构、行业和公共部门中的作用。现今美国的 50 个州和 15 个国家中都有该学会的会员。

（7）美国消防协会（http：//www.nfpa.org）

美国消防协会（National Fire Protection Association，简称 NF-PA）。NFPA 成立于 1896 年 11 月 6 日，属非营利性国际民间组织。总部设在美国马萨诸塞州昆西市，另在全世界设有 6 个地区联络部，工作人员有 300 多人。美国消防协会的宗旨是：推行科学的消防规范和标准，开展消防研究、教育和培训；减少火灾和其他灾害，保护人类生命财产和环境安全，提高人们的生活质量。一个多世纪以来，NFPA 一直是消防界的先导。NFPA 拥有个人会员 75000 多人，来自 80 多个国际商业和专业组织，遍及全球 100 多个国家。常见的由 NFPA 制定的标准有 NFPA 70（美国国家电工标准）和 NFPA 704（材料危害性应急标识系统）。目前，美国消防协会也于每年 6 月左右在美国举办消防防火展。

（8）美国志愿者消防联合会（http：//www.nvfc.org）

美国志愿者消防联合会（National Volunteer Fire Council，简称 NVFC）是代表志愿消防员、急救队员和救援人员利益的公益性协会组织。NVFC 成立于 1976 年，作为法规、标准和强制性文件的信息源工作。其成员包括 50 个州立的志愿消防员、急救队员和救援人员协会、消防员个人会员、消防部门和企业会员。

（9）国会消防组织协会（http：//www.cfsi.org）

这是 1989 成立的一个非营利的、无党派的消防政策研究所，是查找美国的消防法规、消防培训与教育、消防事实与统计数据的权威网站。

（10）日本消防协会（http：//www.nissho.or.jp）

日本消防协会成立于 1948 年，是以指导各都道府县消防协会会员的福利卫生事业、改善和加强消防设施设备、提高消防知识技能和实施消防活动为宗旨的财团法人机构。会员以各都道府县的正式会员和消防团员为主，分为特别会员、赞助会员和名誉会员。日本政府每年给予协会一定的经费补助。

日本消防协会主要任务为：①会员的福利、卫生保健。②对殉职会员及其家属进行吊唁、救济。③对消防团员、会员以及在消防工作中做出贡献的人员进行表彰。④为会员提供讲习、教育、训练和业务指导。⑤经营和管理日本消防会馆。⑥普及防火知识。⑦出版《消防》杂志。

（11）澳大利亚消防协会（http：//www.fpaa.com.au）

澳大利亚通过各种政府机构（如 Emergency Management Australia）提高国家应急管理能力，联邦政府消防组织的主要工作职能如下：①在大规模的紧急情况下，为各州和地区提供统筹安排并提供物质和技术上的援助。②对防洪和自然灾害提供经济援助。③提供宣传服务、最佳的训练物资和训练项目。④建立基金，方便风险评估和管理工作。⑤支持增强社区意识的活动。

（12）俄罗斯消防人网站（http：//www.fireman.ru）

网站内容包括消防部队的管理和培训、组织灭火行动、监督企事业单位防火措施落实情况、对在内河和近海航行或作业的小型船只进行监督管理、组织水上搜救、调度飞机参与救援、监督和检查应急系统资金使用情况，并制定应急系统内部干涉政策、组织和协调国际救援行动、起草法律法规和编制应急系统预算书等。

（13）新加坡民防部队（http：//www.scdf.gov.sg）

新加坡民防部队隶属国家内政部，负责在和平时期与紧急情况下为民众提供应急服务。新加坡首支消防队成立于 1978 年，后更名为新加坡民防部队（SCDF）。作为警察部队下设机构，SCDF 充当了国家紧急预案处理的先头部队。随着 1986 年新加坡《民防行动条例》的颁布，SCDF 开始作为内政部下属的独立组织。1989 年 4 月 15 日，由于新加坡民防部队与新加坡消防局的任务和职能相似，两部门合并。

SCDF 总部内的消防安全与防空处（FSSD）是消防安全与防空管理的具体部门，负责制定和完善消防安全政策，并根据消防安全条例规定建筑物消防安全标准，同时根据民防避难法来形成和完善防空方案。

（二）国内外主要消防研究机构

1. 国内消防研究机构

（1）中国科学技术大学火灾科学国家重点实验室（http：//sklfs. ustc. edu. cn）

火灾科学国家重点实验室是利用世界银行贷款和国内配套投资兴建的我国火灾科学基础研究领域唯一的国家级研究机构。1989年通过立项论证，1992 年获准边建设边对外开放，1995 年通过国家验收。2003 年第一次参加工程与材料领域的 29 个国家重点实验室评估，被评为"优秀"类国家重点实验室。火灾科学国家重点实验室在火灾科学基础研究领域已成为国际知名的研究基地和学术中心。

（2）清华消防科学技术研究所（http：//www. tsinghua - fire. com）

清华消防科学技术研究所创建于 2002 年，隶属于清华大学城市规划设计研究院，为中国消防协会和美国消防协会的理事单位。有一支具有自主创新能力的消防科研团队，一个独立的综合性消防科研试验基地，是国内知名消防科学研究机构。

（3）消防工程实验室（http：//www. fire. csu. edu. cn/）

消防工程实验室是依托防灾科学与安全技术研究所成立的。2000 年获得"防灾减灾工程及防护工程"博士授权点和硕士授权点；2002 年获得"消防工程"博士授权点和硕士授权点；成为全国第一家拥有"消防工程"博士、硕士点的单位，它主要面向建筑防火工程、工程结构的损伤检测与鉴定，是中南地区唯一的火灾作用下结构性能测试试验系统。消防工程实验室拥有按国际标准建设的"立式火灾模拟试验炉"、"卧式火灾模拟试验炉",可以进行梁、板、柱等构件力学性能试验以及防火墙、防火板、防火卷帘耐火性能的试验研究和检测。自行开发了试验炉的温度采集控制系统。自行设计、开发了钢筋和混凝土高温下及高温后材料灾变性能试验炉,可以开展钢筋和混凝土材料高温下及高温后力学性能的试验研究,还可为铁路部门承担如隧道防火、列车火灾控制及救援等方面的研究和实验任务。

(4)灭火救援技术公安部重点实验室

灭火救援技术公安部重点实验室是在中国人民武装警察部队学院消防工程系和消防指挥系专业实验室的基础上扩建而成的。实验室可用于新材料(及其产品)燃烧性能、灭火技术与方法、建筑火灾倒塌、火场供水、消防装备和战术性能等多种试验,是我国灭火救援领域最系统和最完整,并具有一定规模和鲜明特色的专业实验室。

(5)南京工业大学火灾与消防工程研究所(http://cces.njut.edu.cn/fire)

主要的研究方向包括:①建(构)筑物消防安全理论与技术;②工业火灾成灾机理与关键防控技术;③交通火灾成灾机理与关键防控技术;④突发及恶性火灾成灾机理与应急处置技术;⑤特殊火灾及耦合灾害成灾机理与关键防控技术;⑥火灾消防材料的设计与应用。

(6)公安部沈阳消防研究所(http://www.efire.cn/AboutUs.aspx)

公安部沈阳消防研究所(国家消防电子产品质量监督检验中心)隶属于公安部,成立于1965年,是我国在火灾预防、火灾探测报警、消防通信指挥、火灾物证鉴定等消防安全技术领域专业从事科研、检测、鉴定、标准化和工程应用的公益性研究机构。所内设有电气火灾、火灾探测报警、消防通信和消防信息四个专业研究室,主要承担电气火灾防治、火灾探测报警与联动控制、消防远程监控、消防通信指挥、火灾物证鉴定、火灾基础理论、消防工程应用、消防科技信息、消防标准化等领域新技术、新动向的研究。

(7) 公安部天津消防研究所（http：//www. tfri. com. cn/manage）

公安部天津消防研究所成立于 1965 年，已经建立了一支具有较强自主创新能力的专业化消防科研队伍，拥有世界一流水平的综合性消防科研试验基地，研究领域包括建筑防火技术研究、工程消防应用技术研究、火灾科学研究、火灾原因分析鉴定与相关技术研究、消防标准化技术研究、消防检测技术研究和消防软科学技术研究等，已成为国内领先、国际知名的综合性消防科研机构。

(8) 公安部上海消防研究所（http：//www. shfri. com. cn）

公安部上海消防研究所成立于 1965 年，是公安部直属的技术警察单位，是专门从事火场防护技术与装备、灭火救援技术与装备以及灭火理论等方面研究的国家级社会公益型科研机构，同时是国家消防装备质量监督检验、火灾物证鉴定、部队装备质量监管的专职机构。

(9) 公安部四川消防研究所（http：//www. scfri. cn）

从事建筑火灾理论、建筑结构防火技术、建筑防火性能化设计和评估技术、建筑火灾烧损鉴定技术、高层建筑防排烟技术、自动喷水灭火技术、防火保护及阻燃技术、纳米阻燃材料新技术、材料燃烧烟气毒性、人员安全疏散技术、火灾痕迹物证分析、新型防火建筑构（配）件和防火建筑材料开发、防火建筑材料检测技术及工程防火标准、规范等的研究。

(10) 爆炸科学与技术国家重点实验室（http://www. es. labs. gov. cn）

1991 年，由国家计委批准依托于北京理工大学建设，1996 年 9 月建成并通过国家验收正式对外开放，是我国爆炸科学技术领域重要的科学研究、人才培养和学术交流基地。实验室定位于应用基础研究，以解决国防武器装备和工业安全生产中的重大技术问题为目标。实验室主要有含能材料理论与应用、爆炸与毁伤力学、毁伤理论及应用、防护理论与技术、爆炸安全理论与技术 5 个研究方向，主要涉及力学、兵器科学与技术、安全科学与工程、材料科学与工程等一级学科。

（11）煤矿瓦斯与火灾防治实验室（http：//gfc. cumt. edu. cn）

是以 1998 年被原煤炭工业部批准的"矿业安全工程"国家煤炭工业重点实验室为基础，依托中国矿业大学"安全技术及工程"国家重点学科，"安全技术及工程"和"安全管理工程"博士点学科进行建设，紧紧围绕煤矿瓦斯与火灾防治领域关键基础科学问题，以遏制矿井重特大灾害事故，满足促进煤炭工业安全、高效、可持续发展的国家重大需求为主要研究目标，涉及矿业安全学、流体力学与流体机械、工程热物理、计算机科学与技术、矿井自动控制与监测、安全管理等学科领域，具有鲜明的矿业安全工程交叉学科特色。

（12）国家消防装备质量监督检验中心（http://www. xfjyzx. com/center）

1987 年，经原国家标准局验收和批准认可成立的一个国家级消防装备质检中心，系公安部直属技术警察检验机构，现同时为消防装备国家认可实验室、国家级汽车新产品定型鉴定试验单位、汽车安全法规强制检验机构、国家级科技成果检测鉴定机构、上海市消防产品质量监督检验站。

（13）国家固定灭火系统和耐火构件质量监督检验中心（http：//www. cncf. com. cn）

国家固定灭火系统和耐火构件质量监督检验中心是经国家质量监督检验检疫总局、中国国家认证认可监督管理委员会（CNCA）、中国合格评定国家认可委员会（CNAS）验收批准并依法授权的、具有第三方公正地位的国家消防产品质量监督检验机构。是第一批 113 个国家级产品质量监督检验中心之一。质检中心是非营利性的技术服务事业单位，在行政上受公安部消防局领导，检验业务受国家质量监督检验检疫总局和中国国家认证认可监督管理委员会领导。

2. 国外主要消防研究机构

（1）美国国家标准技术研究所建筑火灾研究实验室（http：//www. bfrl. nist. gov）

美国国家标准技术研究所（NIST）下属的建筑火灾研究实验室（BFRL），全称 Building and Fire Research Laboratory，涉及建筑材料、计算机技术在建筑中的应用、火灾科学和消防安全工程、建筑、机械、环境工程等领域，包括支持行业创新和建筑消防规范、标准配套的产品研发和试验方法的研究、性能参数、技术数据。

BFRL 侧重对建筑与火灾安全领域的标准方法的研究，其涉及消防科研的最终目标是致力于减少火灾危害。消防科研业务涵盖以下三大领域：①先进的消防技术的研究。②先进的火灾测试方法和手段的研究。③降低发生轰燃的危险性研究。

（2）美国材料与试验学会（ASTM）（http：//www. astm. org）

ASTM 标准制修订经费的近 80% 来源于出版物的发行，其他则来自年度管理费。ASTM 消防标准技术委员会 E05 成立于 1904 年，每年 6 月与 12 月分别召开委员会会议，现有 400 余名会员，40 余份标准。该委员会下设 18 个分委员会：①E05. 11 耐火极限。②E05. 13 足尺（实体）火灾试验。③E05. 15 家具和室内装饰。④E05. 17 运输。⑤E05. 17. 94 铁路运输的火灾危险评估。⑥E05. 21 烟气与燃烧生成物。⑦E05. 22 表面燃烧。⑧E05. 23 燃烧性能。⑨E05. 31 术语和编辑。⑩E05. 33 消防安全工程。⑪E05. 34 国际标准。⑫E05. 36 会员。⑬E05. 37 荣誉、奖励与任命。⑭E05. 40 美国 TAGS 与 ISO/TC92 的合作。⑮E05. 41 火灾生成与发展。⑯E05. 42 火灾的控制。⑰E05. 43 火灾对人和环境的威胁。⑱E05. 44 消防安全工程。

（3）加拿大建筑研究所（IRC）（http：//irc. nrc – cnrc. gc. ca）

IRC 下属的国家火灾实验室是加拿大火灾研究中心，主要承担加拿大建筑防火灭火领域的科技开发工作，是建筑研究所的分支机构。IRC 的消防研究队伍包括工程师、物理学家、化学家和环境心理学家。这支科研队伍致力于开发科学合理的方法努力降低消防支出，减少对加拿大经济和人员生命的负面影响。其服务宗旨是研制开发经济合理的防火安全系统和建筑物火灾危害评估的计算机模型。

（4）英国消防工程师学会（http：//www. ife. org. jk）

英国消防工程师学会（The Institution of Fire Engineers，简称IFE）。该学会是全球性团体，专门围绕消防工程和火灾安全问题开展研究。目前，万余名成员遍布全球 20 多个国家和地区，从事有关火灾安全工程的研究。

IFE 得到了消防工程师的专业认可，同时也获得了英国工程学权威管理机构——英国工程师委员会——的认可。英国消防工程师学会是英国工程委员会成员之一，有权为有资格的人员提供特许工程师，承担技术工程师的专业资格认证工作。

（5）英国 BRE（http：//www. bre. co. uk/fire）

英国教育和科研机构——英国建筑研究院（BRE）——开展有关消防的业务，除提供第三方消防产品和设备的认证服务以外，还组织消防研究，同时提供消防安全咨询服务，具体业务如下：

①依据英国标准、欧洲标准和国际标准检测、预测和评介制品和材料的防火、耐火性能，包括建筑、海洋等行业的制品和材料。

②组织开展消防安全领域的研究火灾的生成与发展。

③提供经济的、创新的消防安全工程方案的相关咨询服务。

（6）日本总务省消防研究所（http：//www. fri. go. jp）

总务省消防厅消防研究所位于东京都三鹰市，创办于 1948 年3 月 7 日，是目前国内最大的消防研究机构，接受总务省消防厅领导。下设 1 课 3 部，负责防火科学技术、灭火科学技术与消防设备科学技术的研究，近年来，主要开展了火灾安全技术的研究（如住宅火灾防火技术、地下建筑火灾特性、卤代烷替代物灭火性能及毒性评价方法的研究）、消防活动高新技术的研究（如结合消防职员老龄化特点，致力于开发研制轻量型、自动化的消防器材）、危险品灾害预防技术的研究以及日常性的研究工作（如有关石油火灾特点的研究、粉末状合成树脂难燃试验等）。

（7）日本东京理科大学（http：//www. tus. ac. jp）

东京消防厅消防科学研究所依托日本东京理科大学，成立于1961年4月2日，拥有4个研究室，是日本国内第二大专业消防研究机构。其研究课题主要围绕解决消防现实问题，包括个人装备、火灾预防、消防心理学、地震火灾预防措施、火因、危险品火灾的预防措施、各种鉴定试验及消防设备和器材的研究和发明。近年来，该所在消防机器人的开发研制方面成效显著，研究成果已广泛应用在消防领域中。

（三）国外重要消防刊物网址一览

1. *NFPA JOURNAL*（《美国消防协会杂志》）：www. nfpa. journal. org

2. *FIRE PREVENTION & FIRE ENGINEERS JOURNAL*（《防火与消防工程师杂志》）：www. fp – fej. com

3. *FIRE TECHNOLOGY*（《消防技术》）：www. springer. com / jour – nal/10694

4. *FIRE SAFETY JOURNAL*（《消防安全杂志》）：www. elsevier. com /locate/

5. *JOURNAL OF FIRE SCIENCES*（《消防科学杂志》）：www. jfs. sagepub. com

6. *FIRE AND MATERIALS*（《火灾与材料》）：www. interscience. wiley. com

7. *JOURNAL OF FIRE PROTECTION ENGINEERING*（《消防工程杂志》）：www. jfe. sagepub. com

8. *COMBUSTION AND FLAME*（《燃烧与火焰》）：www. elsevier. com /locate/com – bustflame

9. *COMBUSTION SCIENCE AND TECHNOLOGY*（《燃烧科学与技术》）：www. tand. f co. uk/journals/titles/00102202. asp

10. *COMBUSTION THEORY AND MODELLING*（《燃烧理论与模型》）：www. tand. f co. uk/journals/titles/13647830. asp

11. *FIRE ENGINEERING*（《消防工程》）：http://www. fireengineering. com

12. *FIRE*（《消防》）：www. fire – magazine. com

13. *FIRE CHIEF*（《消防队长》）：www. firechie. f com

14. *FIRE & RESCUE*（《火灾与救援》）：www. emergency – directory. com

15.『日本の近代消防』（《日本近代消防》）：http://homepage3. nifty. com/kinsyo

（四）我国省级消防部队网站一览

北京　　http：//www. bjxfj. gov. cn/publish/portal0/

天津　　http：//www. tjxf. gov. cn/

上海　　http：//www. fire. sh. cn/

重庆　　http：//www. cqfire. com/tz2. asp

黑龙江　http：//www. hlfire. gov. cn/xiaofang/

吉林　　http：//www. jl119. gov. cn/xfjzzb/index. html

辽宁　　http：//www. ln119. com/

内蒙古　http：//nm. 119. gov. cn/admin/default. jsp

河北　　http：//www. hebxf. net/

山东　　http：//sd. 119. gov. cn/xiaofang/

甘肃　　http：//www. gsxf119. com/

山西　　http：//www. sx119. gov. cn/

宁夏　　http：//www. nx119. org. cn/

陕西　　http：//www. sn119. gov. cn/

河南　　http：//www. henan – fire119. net/

新疆　　http：//www. xjxf. com/

四川	http：//www. sc119. gov. cn/
贵州	http：//www. gzxf119. gov. cn/xiaofang/
广西	http：//www. gx119. gov. cn/
青海	http：//www. qh119. gov. cn/
西藏	http：//www. xz119. gov. cn/
安徽	http：//www. ah119. cn/index. html
江苏	http：//www. js119. com/
浙江	http：//www. zjxf119. com/xiaofang/
江西	http：//www. jxfire. gov. cn/
福建	http：//www. fjxf. gov. cn/xiaofang/
湖北	http：//www. hbfire. com/
湖南	http：//www. hn119. net/
云南	http：//www. yn119. cn/
广东	http：//www. gdfire. gov. cn/
海南	http：//hd. hinews. cn/
香港	http：//www. hkfsd. gov. hk/chi/index. html
澳门	http：//www. fsm. gov. mo/cb/cht/default. aspx
台湾	http：//www. cafp. org. tw/front/bin/home. phtml

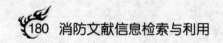

第五章　特种消防文献信息检索

第一节　消防专利信息检索

一、专利

专利是专利权的简称，是指在法律保护下，把发明及时向社会公开，实行有偿技术转让的规定。专利一词包含三层含义：第一，专利权。所谓专利权，就是指专利权人在法律规定的期限内，对其发明创造享有的独占权。需要注意的是，专利权不是在完成发明创造时自然而然产生的，而是需要申请人按照法律规定的手续进行申请，并经专利行政部门审批后才能获得的。第二，取得专利权的发明创造，是指被授予专利权的技术。第三，专利文献，是指各个国家专利局出版发行的专利公报和专利说明书，以及有关部门出版的专利文献，记载着发明的详细内容和受法律保护的技术范围的法律文件。

专利是一种知识产权，具有排他性、地域性、时间性、新颖性、创造性、实用性等特性。排他性也称"独占性"，是指专利局依照专利法授予申请人或发明人对某项发明创造在规定期限内享有的独占权。地域性，是指一个国家（或地区）依照其本国（或本地区）专利法授予的专利权，仅在该国或地区法律管辖的范围内有效，对其他国家没有任何约束力。时间性，是指专利权人对其发明创造所拥有的法律赋予的专有权只在法律规定的时间内有效，期限届满后，原来受法律保护的发明创造就成了社会的公共财富，任何单位或个人都可以无偿使用。新颖性，是指在申请日以前没有同样的发明或者实用新型在国内外出版物上公开发表过、在国内公开使用过或者以其他方式为公众所知，也没有同样的发明或者实用新型由他人向专利主管部门提出过申请并且记载在申请日以后公布的专利申请文件中。创造性，是指发明的内容与申请日以前已有的技术相比，该发明有突出的实质性特点和显著进步。实用性，是指发明或实用新型能够用于工业生产、制造或使用，并能产生积极效果，即带来更好的经济效益。

专利一般分为 3 种类型：发明专利、实用新型专利和外观设计专利。发明专利，是指对产品、方法或者其改进所提出的新的技术方案和思想，它包括产品发明（即发明是某种具体的产品）和方法发明（如制造方法、测量方法等）。实用新型专利，是指对产品形状、构造或者组合所提出的新的实用技术方案。外观设计专利，是指对产品的形状、图案、色彩或其结合所做的富有美感的并适于工业上应用的新的设计。

二、专利文献

从广义上讲，专利文献是指一切与专利权有关的文件，包括专利申请书、专利说明书、专利公报、专利检索工具、专利分类表以及与专利有关的法律文件及诉讼资料等。从狭义上讲，是指各国（地区）专利局出版的专利说明书或发明说明书。

专利文献具有内容新颖，范围广泛；报道迅速，传递信息快；数量庞大，重复出版；系统详尽，实用性强；格式统一，著录规范等特点。

专利文献的使用价值主要包括：①进行查新检索。专利文献是专利审查工作必备的文献，是专利局审查员为判断一项审查是否符合专利条件而进行调查和比较的主要技术档案材料，也是专利发明人申请前进行查新的主要资料。②解决技术难题。有针对性地查阅专利文献，能从别人的发明或设计中得到启发，开阔思路，加快研究进程，攻克技术难题。③引进先进技术。针对准备引进的技术和设备，进行专利技术信息追溯检索，可对其先进性、可行性、有效性、适用性以及经济上的合理性做出判断，从而帮助决策者做出正确选择。④进行技术创新。通过专利文献的检索，可以掌握国内外科学技术的发展动态，便于随时调整创新的方向，确定所选择的研究课题的研究价值，提高研究的起点。⑤避免重复投资。利用专利文献，可以节约大量资金和时间，避免对研究和生产设备的重复投资。

三、消防专利文献的检索

（一）中国消防专利文献检索

1. 传统印刷型检索工具

（1）《中国专利公报》

《中国专利公报》是国家专利局的官方出版物。共分《发明专利公报》、《实用新型专利公报》、《外观设计专利公报》三种，创刊于 1985 年 9 月，月刊，自 1990 年起三种公报均改为周刊。它以文摘或题录形式报道一周内出版的专利公开说明书、审定说明书、授权公告及发明专利事务公告（如实质审查请求、驳回申请决定、申请的撤回、专利权的继承或转让、强制许可决定、专利权的终止等）。《中国专利公报》反映了在中国申请专利保护的国内外最新发明创造成果。通过查找《中国专利公报》，可及时、准确地掌握相关领域专利动态，也是专利申请人、专利权人及时、准确了解自己专利的法律状态和处理专利相关事务（专利转让、许可、实施等）的工具。

（2）《中国专利索引》

为了有助于我国专利文献的回溯检索，国家知识产权局（原国家专利局）出版了《中国专利索引》。该索引对每年公开、公告、审定和授权的专利以题录的形式进行报道，是检索中国专利文献的一种十分有效的工具。《中国专利索引》按索引类型分为三个分册：《分类年度索引》、《申请人、专利权人索引》、《申请号、专利号索引》（1997 年起新增）。三个分册的编排结构、著录内容基本相同。其编排结构为：发明专利（公开、审定、授权）、实用新型专利（公告、授权）、外观设计专利（公告、授权）。其著录的内容包括：国际专利分类号、公开号（或授权公告号）、申请号（或专利号）、申请人（或专利权人）、发明名称（或专利名称）以及相应专利公报的卷、期号等。

（3）《中国专利文摘》

《中国专利文摘》在 1994 年前，分为中国发明专利分类文摘和中国实用新型专利文摘两种。按年度出版，分别收录每年公开、公告的全部发明专利和实用新型专利，按国际专利分类的 8 个部类出版 8 个分册，各分册由目录、文摘和索引组成。从 1994 年起上述两种文摘合并成《中国发明—实用新型专利分类文摘》，以国际专利分类为基础，按专业领域编成 36 个分册出版，各分册均由目录和文摘两部分组成。

2. 中国消防专利信息网络检索

（1）中华人民共和国知识产权局（简称 SIPO）专利检索系统（http：//www. sipo. gov. cn/）

SIPO 专利检索系统是由国家知识产权局支持建立的政府性官方网站，是国家知识产权局对国内外公众进行信息报道、信息宣传、信息服务的网站，有中、英文两种版本。2001 年 11 月正式开通，收录自 1985 年 4 月 1 日起至今的全部专利文献，每周更新一次。可检索发明、实用新型、外观设计专利的题录、摘要、说明书全文及法律状态信息。

系统提供简单检索、高级检索和 IPC 分类检索 3 种检索方式。在检索结果页面，输出符合检索条件的专利文献的简单信息，包括序号、申请号和专利名称。单击专利名称链接，即可打开该专利的题录和文摘信息页面。单击题录和文摘页面的"申请公开说明书",可逐页浏览图片格式的专利说明书全文。还可以利用页面上方的图标按钮,进行全文内容的打印和保存。

(2)中国专利信息网(http://www.patent.com.cn)

中国专利信息网由国家知识产权局专利检索咨询中心于1997年10月建立,是国内最早通过互联网向公众提供专利信息服务的权威网站。收集了我国1985年实施专利制度以来的公开的中国全部发明专利和实用新型专利信息,记录内容包括完整题录信息和文摘。提供与专利相关的多种信息服务和委托检索服务,提供国内外免费专利数据库的链接检索,提供相应发明和实用新型专利的全文扫描图形。该数据库每3个月更新一次。

中国专利信息网中的中国专利数据库提供了4种检索方式。简单检索:文本格式的题录信息的检索;逻辑组配检索:检索式之间的逻辑关系匹配检索;菜单检索:提供13个固定的检索入口;逻辑组配二次检索:在检索结果中再进行检索。可以从申请号、公告号等19个检索入口进行检索。采用正确的检索方法,可以获得专利的申请号、公告号、申请日、公告日、审定公告日、授权日、授权公告日、发明名称、范畴分类、国别、省市、申请人、通信地址、发明人、代理人、代理机构、代理机构地址、法律状态、说明书页数、附图页数、权项数、文摘等项目的内容。

(3)CNKI中国专利全文数据库(http://www.cnki.net)

(见本书第二章第一节)

(4)万方数据资源系统中的专利全文数据库(http://www.wanfangdata.com.cn)

(见本书第二章第二节)

(5)中国知识产权网(简称CNIPR)(http://www.cnipr.com)

CNIPR是国家知识产权局知识产权出版社推出的网上专利说明全文检索系统。它是知识产权领域的专业网站,是集新闻、产品与服务为一体的综合性在线互动平台。新版网站于 2010 年 4 月 26 日世界知识产权日之际全新上线。普通用户可免费检索、浏览专利摘要和题录信息，会员用户付费可获得专利全文。

（二）国外消防专利文献检索

1. 传统印刷型检索工具

德温特公司出版物是检索国外专利信息的主要检索工具。此公司是一家专门从事专利文献搜集、摘录、标引、报道和提供原文等服务的私营出版公司，创立于 1951 年，迄今为止，它共收录世界上 33 个国家和两个国际专利组织的专利文献以及两种技术刊物上发表的专利文献，它的报道范围包括自然科学的一切学科领域，占全世界专利文献总量的 70% 以上，是世界上最大的专利文献出版公司。出版有《世界专利索引》（Word Patent lndex，简称 WPI）、《世界专利文摘》（World Patent Abstracts，简称 WPA）、《化学专利索引》（Chemical Patent Index，简称 CPI）、《电气专利索引》（Electrical Patent lndex，简称 EPI）、《优先权周报》（Weekly Priority Concordance）、《WPI 累积索引》及按国别出版的专利摘要等。

《世界专利索引》是查找世界各主要国家专利文献的重要检索工具。WPI 出版物体系是由题录和文摘两大部分构成的。使用 WPI 最重要的就是必须熟悉和掌握两种检索工具：《题录周报》和《文摘周报》。《题录周报》仅报道专利的题录，分一般、机械、电气、化工 4 个分册，每个分册有 4 种索引：专利权人索引、国际专利分类索引、登记号索引和专利号索引。WPI 各分册中除了以上 4 种索引外，还有一种《优先权索引》，它把机械、电气、化工、一般综合在一起，在 WPI 以外单独印行，每周出版一期。《文摘周报》分普通专利索引、电气专利索引、中心专利索引 3 个部分，主要按德温特分类体系编制而成，它不仅报道专利的题录，还刊出专利说明书的内容摘要。目前我国大多数单位都订购快报型《文摘周报》。

利用德温特专利检索工具进行检索，一般从 3 个途径入手，即专利权人途径、分类检索途径、登记号途径。

2. 国外消防专利信息网络检索

（1）德温特创新索引（DII）（http://www.isi webofknowledge.com）

德温特创新索引（Derwent Innovation Index，简称 DII），是 Thomoson Derwent 与 Thomson ISI 共同开发的基于 Web of Knowledge 统一检索平台的专利信息全文检索系统。可以说是德温特印刷型出版物的网络版，它将"世界专利索引（WPI）"和"专利引文索引（KI）"的内容有机地整合在一起。包括可申请专利的所有技术领域，其专利文献分为化学、一般、电气和机械四大类。该数据库收录了来自 42 个专利授权机构的自 1963 年至今的所有基本专利文献和它们相应的同族专利，以每周更新的速度，提供全球专利信息，是检索全球专利信息比较权威的数据库。

DII 提供专业的专利情报加工技术，协助研究人员简捷有效地检索和利用专利情报，全面掌握工程技术领域创新科技的动向与发展。同时，还提供了直接到专利全文电子版的链接，可以获取专利说明书的电子版全文，可浏览说明书全文的有美国专利（US）、世界专利（WO）、欧洲专利（ESP）和德国专利（DE）。可以检索其他许多国家的专利，如奥地利、比利时、原民主德国、丹麦、法国、爱尔兰、意大利、卢森堡、荷兰、西班牙、瑞士、摩纳哥等。利用 DII 可以检索具有重新编写及标引的描述性专利信息；可查找专利引用情况；建立专利与相关文献之间的链接；对检索结果的管理方便等特点。

DII 提供 4 种检索途径，分别是快速检索（Quick Search）、表格检索（Form Search）、专家检索（Expert Search）和被引用专利检索（Cited Patent Search）。对该数据库进行检索之前，还需要对数据库范围、时间范围、检索方式等限制性条件进行选择。通过清华大学、天津大学、哈尔滨工业大学等著名高校都可以注册进行检索。

（2）美国专利商标局专利（USPTO）（http://www.uspto.gov）

该数据库是由美国专利商标局提供的，包括专利全文数据库和专利文摘数据库，用于检索美国授权专利和专利申请，提供 1790 年至今的图像格式的美国专利说明书全文，1976 年以来的专利还可以看到 HTML 格式的说明书全文。专利类型包括：发明专利、外观设计专利、再公告专利、植物专利等。网络用户可免费检索该数据库，并可浏览检索到专利标题、文摘等信息，若安装专门的软件和浏览器插件，就可在全文库中浏览 TIFF 格式的专利全文扫描图像。该数据库每周更新一次。

该数据库提供快速检索（Quick Search）、高级检索（Advanced Search）和专利号检索（Patent Number Search）3 种检索方式。

检索结果每页最多显示 50 条记录，可翻页浏览。每条记录包括：专利名称、专利号、引用参考文献、申请人、申请号、受让人姓名、受让人所在州、受让人所在城市、权利要求项、说明书全文、国际专利分类号、发明人姓名、公告日期等。单击记录中的专利号或题名，系统便会提供 HTML 格式的专利说明书全文；单击全文首页上方的"Images"图标，可利用 TIFF 图像浏览器打开阅读该专利的专利说明书。

（3）欧洲专利局 esp@cenet 专利数据库（http://www.epo.org）

欧洲专利局、欧洲专利组织成员国及欧洲委员会于 1998 年通过互联网建立了面向公众的免费专利服务系统。检索界面可使用英文、德文、法文、日文（日文仅在 esp@cent 数据库检索系统中使用）4 种语言。

esp@cenet 收录了世界上 72 个国家（地区）和专利组织的专利，每个国家所含数据收录的范围不同，数据类型也不同。数据类型包括：题录数据、文摘、文本型的专利全文说明书及权利要求，扫描图像存储的专利说明书的首页、附图、权力要求及全文。对欧洲专利、世界知识产权组织专利、英国、法国、德国、瑞士和美国专利既可检索到书目数据、文摘，又可检索到文本及扫描图像说明书；对中国、韩国和南非等国家专利可检索到书目数据及文摘；其他国家（地区）的专利仅提供书目数据。在时间范围上，大多数国家可回溯到 20 世纪 70 年代，少数国家回溯到 20 世纪 20 年代，如奥地利、英国、德国等，美国可追溯到 1790 年。用户能够检索欧洲专利组织任何成员国、欧洲专利局和世界知识产权组织近两年公开的全部专利的题录数据。对于 1970 年以后公开的专利文献，数据库中每件同族专利都包括一件带有可检索的英文发明名称和文摘的专利文献。数据库提供 HTML 和图像两种全文显示方式，图像格式的说明书需用 Adobe Reader 浏览器打开，数据库每周更新。

esp@cenet 数据库群主要包括以下三个数据库：

①世界多国专利数据库（worldwide）：是收录专利文献较多的数据库，可满足大部分检索需求。可检索专利并下载和显示专利全文的扫描图像，图像格式为 PDF。

②欧洲专利（EP）数据库：可检索近两年欧洲专利局公开的专利申请文献。一般情况下，数据每周三更新。该库中的数据在收录不久就会被转录到 Worldwide 数据库中。因此，要检索两年以前的欧洲专利，需选择 Worldwide 数据库。

③世界知识产权组织（WIPO）专利数据库：可检索近两年 WIPO 公开的专利文献。一般情况下，数据库每周更新一次，通常是在国际申请公布日的两周后进行。近两年前的专利可以通过 Worldwide 数据库检索。

需要指出的是，虽然 esp@cenet 数据库涉及 72 个国家的专利数据，但检索数据不完整。部分国家的著录数据包括英文发明名称及英文文摘，但有些国家的数据不包括，如果从英文发明名称输入关键词就会造成漏检。

esp@cenet 专利数据库可通过关键词、申请号、公开号、优先权、公开日期、申请人、发明人、EC 欧洲专利分类号、IPC 分类号等途径进行检索，提供 4 种检索方式：快速检索（Quick

Search）、高级检索（Advanced Search）、号码检索（Number Search）和分类检索（Classification Search）。

执行检索后，系统不仅提供检索结果的列表（包括专利文献号及发明名称）显示，而且还提供题录数据、文摘以及专利说明书内容的显示。另外，显示的检索结果涉及专利同族文献。除了扫描专利说明书保存、打印利用浏览器插件所提供的功能以外，其他检索结果的保存、打印均使用浏览器提供的功能，并且只能保存或打印 web 页面显示的内容，而不能将所检索到的结果同时打印或保存。

（4）Micro – Patent（http：//www. micropat. com）

Micro – Patent 公司提供的专利网页，1997 年底由美国 Information-tion Ventures 公司购买。该系统拥有 1994 年以来的美国专利、1992 年以来的欧洲专利和 1988 年以来的世界专利；1998 年又增加 1964 ~ 1974 年的美国专利，以及日本专利文献的首页数据信息。系统还提供最近两周的最新专利的免费首页查询，检索结果给出专利号和专利名称。

（5）其他专利信息服务网站

①加拿大专利数据库（http：//brevets – patents. ic. gc. ca）

②英国专利局（http：//www. patent. gov. uk）

③德国专利局（http：//www. deutsches – patentamt. de）

④日本专利信息组织（http：//japio. or. jp）

⑤日本专利局（http：//www. jpo. go. jp）

另外，如奥地利、澳大利亚、巴西、加拿大、克罗地亚、丹麦、芬兰、德国、匈牙利、朝鲜、马来西亚、新西兰、秘鲁、波兰、葡萄牙、罗马尼亚、西班牙、瑞典、土耳其等国家和我国香港地区的专利局的专利检索可通过日本专利局网站的链接查到。

第二节　消防标准文献检索

一、标准文献概述

（一）标准文献定义

标准文献有广义和狭义之分。狭义的标准文献主要是指按规定程序制定，经公认权威机构（主管机关）批准的一整套在特定范围（领域）内必须执行的规格、规则、技术要求等规范性文献。广义的标准文献，是指与标准化工作相关的一切文献，包括标准形成过程中的各种档案、宣传推广标准的手册及其他出版物、揭示报道标准文献信息的目录、索引等。

（二）标准文献的类型

1. 按标准文献使用范围划分

（1）国际标准，是由国际性标准化权威性组织制定，并为国际承认和通用的标准。如国际标准化组织标准（ISO）、国际电工委员会标准（IEC）等。

（2）区域性标准，是指由世界某一区域的标准化组织通过的技术标准，如欧洲共同体标准（CEN）、欧洲电气标准协调委员会标准（CENEL）等。

（3）国家标准，是指经过全国性标准化组织通过，在全国范围内统一遵循的标准，如中华人民共和国国家标准（GB）、美国国家标准（ANSI）等。

（4）专业标准，也称行业标准，是指经过专业主管部门或专业团体审查通过的标准，它适用于一个国家的某一个专业或相关领域，如我国教育部的标准（JY）、美国试验与材料协会标准（ASTIM）等。

（5）企业标准，是指未颁布有关国家标准、专业标准之前，各企业为了正常生产自行制定并在企业内部使用的标准，如美国通用电气公司标准（SPO）等。

（6）地方标准，是指由地方行政机构（省、州、自治区、直辖市）制定的区域内需要统一的标准。

2. 按照内容及性质划分

（1）技术标准，是指对标准化领域中需要统一的技术事项所制定的标准。包括基础技术标准、产品标准、工艺标准、检验和试验方法标准、设备标准、原材料标准、安全卫生与环境保护标准等。其中的每一类还可进一步细分，如技术基础标准还可再分为术语标准、图形符号标准、数据标准、公差标准、环境条件标准、技术通则性标准等。

（2）管理标准，是指对标准化领域中需要协调统一的管理事项所制定的标准。管理标准主要是对管理目标、管理项目、管理业务、管理程序、管理方法和管理组织方面的标准。管理标准按其对象可分为管理基本标准、技术管理标准、生产经营管理标准、经济管理标准、行政管理标准五大类。

（3）工作标准，是指为实现工作（活动）过程的协调，提高工作质量和工作效率，对各个岗位的工作制定的标准。

3. 按法定效力和成熟度划分

（1）法定标准，是指具有法律性质的必须遵守的标准，又称强制性标准，是国家要求强制执行的标准，如工程建设质量、安全标准等。

（2）推荐标准，又称非强制性标准或自愿性标准，是制定和颁布标准的机构建议优先遵循的标准。

（3）试行标准，是指内容不够成熟，在使用实践中尚待进一步修订、完善的标准。

（三）标准文献的特征

标准文献是由技术标准、管理标准及其他具有标准性质的类似文件所组成的一种特定形式的技术文件体系。标准文献具有以下特征：

第一，针对性强，具有明确的适用范围和用途。标准文献是供国家、企事业多部门多次使用的技术文件。出版的任何一项标准都规定其适用范围、用途及有效期限，且每级标准适用于特定的领域和部门。

第二，公开颁发，具有法律性。标准文献是经过一个公认的权威机构或授权单位的批准认可而审查通过的标准，是从事科研、生产、设计、检验等活动的重要技术准则，具有特定的法律约束力。任何企事业单位、个人因未执行标准而造成的恶劣后果和重大损失，必须受到经济制裁或承担法律责任。

第三，审批严格规范，具有时效性。标准文献是由国家标准化管理部门负责按照既定的标准化计划和编制技术任务书，组织有关部门、专家，有组织、有步骤地进行标准化科研工作的具体成果。标准不是一成不变的，随着科学技术的不断提高，新的技术和产品层出不穷，现行标准必然要不断补充、修订、更新，因而一旦新的标准发布，原来的标准便自行失效，由新的标准代替原来的标准。国家标准有着非常严格规范的审批管理程序，复审周期一般不超过5年。同样标准文献也需不断更新，因此标准文献具有时效性。

第四，体系完整，具有可检索性。现行标准和正在编制的标准都十分重视标准文献的系统性、完整性。标准文献是有组织、有步骤地进行标准化工作的具体成果，各国标准化机构对其出版的标准文献都有一定的格式要求，这就使标准文献成为具有体裁划一、逻辑严谨、统一编号等形式特点的文献体系，为查找和检索提供便利。标准文献通常包括标准级别、标准名称、标准号、标准提出单位、审批单位、批准时间、实施时间、具体内容等著录项目，提供多种检索途径，具有可检索性。

（四）标准文献的作用

第一，通过标准文献可了解各国技术政策、生产水平、资源状况和标准水平。

第二，在科研、工程设计、工业生产、企业管理、技术转让、商品流通中，采用标准化的概念、术语、符号、公式、量值、频率等有助于克服技术交流的障碍。

第三，国内外先进的标准可供推广、研究、改进新产品，作为提高新工艺和技术水平的依据。

第四，标准文献是鉴定工程质量、校验产品、控制指标和统一试验方法的技术依据。

第五，可以简化设计、缩短时间、节省人力、减少不必要的试验、计算，能够保证质量成本。

第六，进口设备可按标准文献进行装备、维修、配制某些零件。

第七，有利于企业或生产机构经营管理活动的统一化、制度化、科学化和文明化。

（五）标准的编号

1. 中国标准编号

我国国家标准及行业标准的编号（标准号）是由"标准代号＋顺序号＋年代号"组成的。中国国家标准代号用"GB"表示，国家推荐性标准用"GB/T"表示，国家指导性标准用"GB/Z"表示。行业标准代号由该行业主管部门名称的两个汉语拼音字母组成，如中华人民共和国公安部标准用 GA 表示。消防标准属于社会公共安全行业标准，有一部分是公安部颁布的标准。企业标准代号规定以 Q 为分子，以企业名称代码为分母来表示。例如，Q/HB 为沈阳标准件厂。地方标准代号由 DB 和省、自治区、直辖市行政区代码前两位数字加斜线组成，推荐性地方标准代号为DB44/T。

2. 国际标准的编号

国际标准化组织（ISO）负责制定和批准除电工与电子技术领域以外的各种技术标准。ISO 标准号的构成为：ISO＋顺序号＋年代号（制定或修订年份）。

二、消防标准文献的检索

（一）印刷型消防标准文献检索

1. 国内消防标准文献检索

我国印刷型消防标准文献的检索工具主要有中国标准出版社出版的《消防标准汇编》，1987 年开始出版，第七卷改名为《社会公共安全标准汇编：消防技术标准汇编》；2002 年 4 月出版《消防标准汇编（上、中、下）》三册版，2006 年出版第二版，分为五册，2007 年出版增补卷 1。可供查找 2007 年以前的消防标准文献全文。

除此以外，消防标准大量存在于综合性标准出版物当中，主要有：

（1）《中华人民共和国国家标准目录总汇》

该目录由国家质量技术监督局编制，年刊。从 1999 年起，每年上半年出版新版，收录截至上一年度批准的全部现行国家标准，同时补充国家标准经清理、复审、补充、修改和更正后的相关信息。该目录总汇由分类目次、目录正文和辅助索引三部分组成，分类目次和目录正文按《中国标准文献分类法》（CCS）分类编排，全文为中英文对照，并附有标准顺序号索引，是检索国家标准的重要检索工具。

（2）《中国国家标准汇编》

该标准汇编分为若干分册陆续出版，收录了公开发行的全部现行的国家标准。目前已出版了 200 多个分册，是查阅国家标准的重要工具，在已知标准的情况下，可直接查到标准全文。

（3）《中国标准化年鉴》

由国家质量技术监督局编制，中国标准出版社出版。年刊，主要阐述前一年标准化事业的发展情况，一年内发布的新国家标准。所附的国家标准目录分为标准号顺序目录和分类目录两种。分类目录按《中国标准文献分类法》分类排列，同一类中按标准顺序号排列。

（4）《国家标准代替、废止目录》

该目录共分三个部分：国家标准代替目录、国家标准废止目录和索引。国家标准废止目录，按废止的标准号排列。辅助索引包括"现行标准编号与被代替的标准编号对照表"和"历次修订情况中非同号被代替标准编号与现行标准编号对照表"。

此外，还有按分类出版的各行业标准目录、汇编，如《中华人民共和国行业标准目录》、《公共标致图形符号国家标准汇编》等几十种目录和汇编。

2. 国外消防标准文献检索

（1）ISO 标准

国际标准化组织（International Organization for Standardization，简称 ISO）是目前世界上最大的非政府性标准化专门机构，是国际标准化领域中一个十分重要的组织。ISO 成立于 1947 年 2 月 23 日，目前 ISO 有 200 个技术委员会（TC），630 个分技术委员会（SC）和 1620 个工作小组（WG），进行各种标准研究、制定工作。其主要职能是制定 ISO 国际标准，负责除电工和电子工程领域外的所有技术领域的国际标准化工作。ISO 国际标准一般必须经 ISO 全体成员国协商表决通过后才能正式生效。ISO 标准每隔 5 年就要重新修订一次，在使用时应该注意利用最新版本的 ISO 标准。国际标准的类型有：正式标准（ISO）、推荐标准（ISO/R）、技术报告（ISO/TR）、技术数据（ISO/DATA）、建议草案（ISO/DP）和标准草案等。ISO 国际标准编号由"ISO + 标准顺序号 + 制定或修改年份"构成。

《国际标准化组织标准目录》（ISO Catalogue）是检索 ISO 标准的主要工具，年刊，英法文对照，附有 4 个索引（作废标准号索引；现行标准号索引；ISO 技术委员会顺序号索引；英文与法文主题词索引）。该标准目录仅提供标准的部分信息，若要查阅全文，还需到收藏单位或 ISO 标准网络全文数据库进行查阅。

（2）IEC 标准

国际电工技术委员会（International Electrical Commission，简称 IEC）成立于 1906 年，是最早的国际性标准化机构。1947 年 IEC 作为电气部分并入 ISO。IEC 主要负责电工方面的国际标准化活动，制定、审批和发布国际性电工标准。我国于 1957 年 8 月加入该组织，1980 年当选为 IEC 执行委员。IEC 现设有 78 个技术委员会（TC）和 128 个技术委员会分会（SC），每个技术委员会各负责一个专业方面的标准制定和协调工作。IEC 标准编号由"IEC 代号 + 标准顺序号 + 制定或修改年份"组成。

《IEC 出版目录》（Catalogue of IEC Publication）是检索 IEC 标准的工具，年刊，用英、法两种文字编辑出版，该目录分为目录正文和主题索引两大部分。目录正文按 IEC 标准号顺序排列，主题词索引按主题词字母顺序排列，主题词后列出 IEC 标准号。

《国际电工技术委员会年鉴》，年刊，实际上是 IEC 标准的分类目录，正文按 TC（国际标准技术委员会）分类编排。

检索国外标准还可以利用国际标准化组织出版的《国际标准化组织通报》、美国出版的《美国联邦规格与标准索引》，以及各国政府自己出版的标准目录，如《美国国家标准目录》、《英国标准目录》等。

（二）数字型消防标准文献检索

数字型消防标准包括光盘型和网络型两种。光盘型消防标准文献的检索工具主要有：《中国国家标准文本数据库》系列光盘、《中国国家标准题录总览》光盘、《中华人民共和国机械行业标准》全文光盘等。传统型和光盘型检索工具都有很大的局限性，网络检索成为主要的检索方式。

1. 国内标准文献信息网络检索

（1）消防专业标准网站

随着消防科学的发展，由公安部消防局、消防协会等单位及学术团体主办，建立了一些消防专业或与消防专业密切相关的标准网站，成为检索消防标准文献信息的重要检索工具。

①中国消防标准规范网（http：//119. china. com. cn/bzgf/node_512952. htm）

中国消防标准规范网是中国消防在线的一个组成部分，由公安部消防局主办的政府官方网站。可以查询消防规范、标准规范及其制定或修订等内容。

②全国安全防范报警系统标准化技术委员会（http：//www. tc100. org. cn/index. asp）

全国安全防范报警系统标准化技术委员会是由国家标准化管理委员会批准成立，在我国安全技术防范专业领域内从事全国性标准化工作的技术工作组织，负责本专业领域的标准化技术归口工作和本专业国家标准、行业标准的制定及修订工作。受国家标准化管理委员会委托，公安部科技局领导和管理全国委员会，秘书处设在公安部第一研究所。

③公安部安全与警用电子产品质量检测中心（http：//www. tcspbj. com/）

公安部安全与警用电子产品质量检测中心成立于1987年，是经公安部政治部批准，通过中国国家认证认可监督管理委员会授权、计量认证合格、中国合格评定国家认可委员会认可的多学科、多专业、具有第三方公证地位的技术服务机构，是集计量、校准、监督检验、检查于一身的综合性国家级实验室。

④公安部特种警用装备标准化技术委员会（http：//www. gajbw. gov. cn/）

公安部特种警用装备标准化技术委员会职责包括国内公安装备管理、公安装备使用、特种警用装备生产、检测的标准化管理。

⑤中国防火建材网（http：//www. fire－testing. net/）

［见本书第四章第五节三、（一）1. （8）］

⑥消防人网（www. china－fireren. com）

［见本书第四章第五节三、（一）1. （6）］

（2）综合性标准数据库

由于消防科学属交叉性、综合性学科的特点，检索消防标准文献信息也常用综合性网络标准数据库，主要有：

①中国标准服务网（http：//www. cssn. net. cn）

中国标准服务网是国家级标准信息服务门户，是世界标准服务网（http：//www. wssn. net.）的中国站点。该站点是用户查询各种国内外标准内容最齐全的国内站点。中国标准服务网的标准信息主要来源于国家标准化管理委员会、中国标准化研究院标准馆及院属科研部门、地方标准化研究院及国内外相关标准化机构，是我国历史最久、资源最全、服务最广、影响最大的权威性标准文献服务机构。

中国标准服务网提供用户检索的数据主要有：中国国家标准、中国行业标准、中国地方标准、国外国家标准、国外协会标准、国际标准等。标准检索提供 4 种检索方式，即简单检索、高级检索、专业检索和分类检索。有中、英文两种检索语言。

②中国标准网（http：//www. chinabzw. com）

中国标准网是检索中国标准信息的专业网站，由北京科技发展有限公司创办。用户通过注册进入查询页。在线查询栏目可提供国家标准、行业标准的检索服务，以标准号和标准名作为检索项。标准查询分为：国家标准查询、行业标准查询、图书查询、国家标准详细分类查询等。国家标准查询可以从标准号、分类、中文名称、英文名称等途径进行检索。查询时只需输入标准号或名称中的一部分。本网站与部分国际标准网站有链接，如 ISO、IEC 等。

③中国标准咨询网（http：//www. chinastandard. com. cn）

该网站是由中国技术监督情报协会、北京中工技术开发公司与北京超星信息技术发展有限责任公司于 2001 年 4 月 1 日创办。报道国际、国内技术标准方面重大事态和标准制定、修订动态等栏目。网站包括标准查询、标准动态、标准法规、标准书目、立标动态、标准研究、标准论坛等。提供标准目录免费检索，可检索的标准数据库有 ISO 标准、IEC 标准、ANSI 标准、ASTM 标准等，可以通过中英文标准名称、标准号、发布日期、发布单位、实施日期、中国标准文献分类号等检索途径进行检索。用户注册购买标准阅读卡后可享受查询标准、浏览全文及打印全文服务。

④国家标准化管理委员会（http：//www. sac. gov. cn）

国家标准化管理委员会是国务院授权的履行行政管理职能，统一管理全国标准化工作的主管机构。国家标准化管理委员会网站由国家标准化管理委员会和 ISO/IEC 中国国家委员会秘书处主办，设有 30 多个大栏目，由国家标准目录查询，强制性国家标准全文以及国家标准公告、标准修订通知、行业标准备案及地方标准备案公告等标准信息。提供中、英文两个版本的国家标准检索，及与 ISO、IEC 两个国际标准化组织的链接。提供标准号、中文标题、英文标题、中国标准分类、国际标准分类、采用关系和被代替标准 7 个检索字段，支持模糊检索。

⑤中国知网标准数据库

（见本书第二章第一节）

⑥万方中外标准数据库

（见本书第二章第二节）

⑦其他标准网站

a. 标准文库网（http：//bzwkw. com）

b. 工标网（http：//www. csres. com）

c. 标准网（http：//www. standardcn. com）

d. 中国标准化服务信息网（http：//www. bzhfw. org. cn）

e. 中国标准化研究院（http：//www. cnis. gov. cn）

f. 中国标准化协会信息网（http：//www. china – cas. org）

2. 国外标准文献信息网络检索

（1）国际标准化组织网站（http：//www. iso. org ）

国际标准化组织网站是 ISO 标准的网络版。ISO 在网上提供其概况、世界成员、技术工作、ISO 9000 与 ISO 4000、世界标准服务网络等信息和服务，提供各种关于该组织标准化活动的背景及最新信息、各技术委员会及分委会的目录及活动、国际标准目录等，还提供对其他标准化组织机构的链接及其他多种信息服务。

ISO 在线检索提供简单检索、分类检索、出版物及电子产品检索及 ISO 数据库检索四种检索方式。从主页的 Products and Services 栏目中的 ISO store 进入，点击"Search and Buy Standards"后即可进行检索，可从关键词、标准名称、文献号、国际标准分类法、起止时间、技术委员会、分技术委员会等途径进行检索。提供标准号、标准名称、版次、页数、编制机构、价格等信息。

（2）国际电工技术委员会（IEC）（http：//www.iec.ch）

国际电工技术委员会网站是 IEC 标准的网络版，提供新闻、公共信息、标准信息查询、标准订购等服务。检索主要通过标准号、主题词和分类途径进行。

在 IEC 网站主页上点击"Web store"下的"Search and buy IEC standards"即可进入 IEC 标准的检索页面。IEC 提供简单检索与高级检索两种方式。检索获得的信息包括 IEC 标准号、版次、语种、题名、出版日期、委员会编号、页数、尺寸、载体形式、价格及其代码、文摘以及分类号，可通过 IEC 的国家委员会和在各国的销售代理获取标准全文，IEC 网站为用户提供 IEC 的国家委员会和在各国的销售代理的邮政地址、E-mail 地址、电话和传真号码，IEC 在中国的销售代表是中国标准信息中心。

（3）TECHSTREET 标准数据库（http：//www.cssinfo.com）

TECHSTREET 标准数据库提供了世界上 45 万余条工业技术标准文献和有关规范，其中包括 ISO、IEC、ANSI、ACI、CSA、IEEE 等的标准，并附有简要说明和相应的订购价格，其中大约有 5000 条标准为 PDF 格式的标准全文，可直接下载。此数据库的主页提供简单易于操作的检索界面，在"quick search"检索框内直接键入题目、关键词、标准号，即可进行检索。当检索记录数很大时，可在检索框内再键入限定关键词，对检索结果进行二次检索，从而提高查准率。系统以题录形式显示检索结果。

（4）IEEE 标准（http：//standards. ieee. org）

该网站是一个为当今工业提供完整化标准服务的国际性成员组织，给出了美国电气与电子工程师协会（IEEE）发布的有关标准的信息。其在线服务包括新标准的在线连续展示、标准的网上检索和订购、新闻、产品发行、在线帮助等。主要有如下超链接：标准协会、标准产品、开发资源、信息数据库、图书馆、FAQ、标准委员会等，用户可免费进入咨询。IEEE 的标准制定内容有：电气与电子设备、试验方法、元器件、符号、定义以及测试方法等。

（5）欧洲标准化委员会（CEN）（http：//www. cenorm. be）

该委员会于 1961 年成立，宗旨在于促进成员国之间的标准化协作，制定本地区需要的欧洲标准（EN，除电工行业以外）和协调文件（HD），CEN 与 CENELEC 和 ETSI 一起组成信息技术指导委员会（ITSTC），在信息领域的互联开放系统（OSI），制定功能标准。

（6）国际电信联盟（ITU）（http：//www. itu. int）

国际电信联盟是联合国专门机构，在 ITU 下设置的电信标准化部门，主要任务是负责国际电信标准的制定。在 ITU 的主页上设置的栏目包括以下几项：无线电通信、ITU 标准、进展、电子通信动态、ITU 出版物、ITU 数据库、在线新闻、检索等。

（7）美国标准协会（ANSI）（http：//www. ansi. org）

其主要包括美国国家标准学会审查并颁布的标准和被 ANSI 采纳作为国家标准的美国各专业团体颁布的标准。该网站设有标准活动、ANSI/ISO/IEC 联合目录、ANSI 电子标准馆藏等栏目，用户可通过主题词索引查询任何主题，可方便快捷地检索到所需信息。

（8）美国消防协会（NFPA）（http：//www. nfpa. org）

常见的由 NFPA 制定的标准有 NFPA 70（美国国家电工标准）和 NFPA 704（材料危害性应急标识系统）。［详细介绍见本书第四章第五节三、（一）2.（7）］

（9）美国材料与试验学会（ASTM）（http：//www. astm. org）

ASTM 消防标准技术委员会 E05 成立于 1904 年，现有 40 余份标准。[详细介绍见本书第四章第五节三、（二）2.（2）]

（10）英国标准化协会（BSI）（http：//www. bsi – global. com）

英国标准化协会（BSI）成立于 1901 年，当时称为英国工程标准委员会。经过 100 多年的发展，现已成为举世闻名的，集标准研发、标准技术信息提供、产品测试、体系认证和商检服务五大互补性业务于一体的国际标准服务提供商，面向全球提供服务。目前，BSI 在世界 110 个国家和地区设有办事处或办公室，作为全球权威的标准研发和国际认证评审服务提供商，BSI 倡导制定了世界上流行的 ISO9000 系列管理标准，在全球多个国家拥有注册客户，注册标准涵盖质量、环境、健康和安全、信息安全、电信和食品安全等几乎所有领域。

（11）日本工业标准调查会（JISC）（http：//www. jisc. go. jp）

根据日本工业标准化法建立的全国性标准化管理机构，成立于 1949 年。日本工业标准调查会的主要任务是组织制定和审议日本工业标准（JIS）；调查和审议 JIS 标志指定产品和技术项目。它是通商产业省主管大臣以及厚生、农林、运输、建设、文部、邮政、劳动和自治等省的主管大臣在工业标准化方面的咨询机构，就促进工业标准化问题答复有关大臣的询问和提出的建议，经调查会审议的 JIS 标准和 JIS 标志，由主管大臣代表国家批准公布。

（12）德国标准化协会（DIN）（http：//www2. din. de）

DIN 通过制定规范和标准，对工业、国家和整个社会提供服务。DIN 为非营利性组织，其工作地点自 1917 年以来始终设在柏林。DIN 的主要任务是与各利益相关方密切合作，制定协商一致的标准，以满足市场的需求。目前大约有 28000 位专家为标准化工作贡献自己的技术和经验。经德国联邦政府同意，DIN 被认可为在欧洲和国际标准组织中代表德国利益的国家标准机构。DIN 目前开展的标准工作中，80% 以上是关于国际标准层面的工作。

（13）法国标准化协会（AFNOR）（http：//www. afnor. org）

1941 年 5 月 24 日，法国政府颁布法令，确认 AFNOR 为全国标准化主管机构，并在政府标准化管理机构——标准化专署——的领导下，按政府指示组织和协调全国标准化工作，代表法国参加国际和区域性标准化机构的活动。AFNOR 标准与技术法规信息中心是世界上收藏标准文献最全的机构之一，成立于 1969 年。收藏有多个国家的 40 多万件标准、600 多种标准化期刊。AFNOR 在法国国内主要地区设有 7 个代理机构和 32 个网点，承担着信息传递、标准应用咨询等业务。AFNOR 代表法国于 1947 年加入国际标准化组织（ISO），又是欧洲标准化委员会（CEN）的创始成员。

第三节 消防会议文献检索

一、会议文献概述

（一）会议文献的概念

会议文献，是指在学术会议上宣读和交流的论文、报告及其他有关资料，包括会议前参加会议者预先提交的论文文摘、在会议上宣读或散发的论文、会上讨论的问题、会上交流的经验和情况等经整理编辑加工而成的正式出版物。

广义的会议文献包括会议论文、会议期间的有关文件、讨论稿、报告、征求意见稿等。狭义的会议文献仅指会议录上发表的文献。

（二）会议文献的特点

会议文献的主要特点是传播信息及时、论题集中、内容新颖、专业性强、质量较高，往往代表某一领域或专业领域内最新学术研究成果，基本反映了该学科或专业的学术水平、研究动态和发展趋势，是了解世界各国科技水平、动态和发展趋势的重要情报源，会议文献也是科技查新中重要的信息源之一。会议出版形式多样、不规则，因此获取比较困难。

（三）会议文献的类型

按会议内容性质不同，可分为大会、例会、专题讨论会、专题讲座、会议等；按照其组织形式和规模，可分为国际性会议、地区性会议、全国性会议、学会、协会会议、同行业联合会议等。

按会议文献出版发行时间可分为 3 种：（1）会前文献，包括征文启事、会议通知书、会议日程表、预印本和会前论文摘要等。其内容完备性和准确性不及会议录。但有些会议因不再出版会议录，故预印本就显得非常重要。（2）会间文献，主要包括会议议程、开幕词、讲话或报告、讨论记录、会议提案和决议、闭幕词等。（3）会后义献，是会后经系统整理、编辑加工正式出版的会议论文，是会议文献的主要部分。通常以会议录、会议论文汇编、会议论文集、会议报告、学术讨论会报告、会议专刊等多种名称出版。

按会议文献出版形式，会议文献（主要指会后文献）的出版形式有以下几种：（1）连续出版物形式；（2）科技图书形式；（3）科技报告形式；（4）非印刷品形式。

二、消防会议信息及文献检索

（一）传统印刷型会议信息检索工具

1. 会议报道检索工具

最重要的会议报道检索工具是《世界会议》（World Meeting，简称 WM），该刊创办于 1963 年，由美国世界会议情报中心编辑，美国麦克米兰出版公司出版。它主要预告两年内全世界 100 多个国家和地区将要召开学术会议的有关消息，包括会议名称、内容、召开日期和地点、主办机构及提交论文期限等。其内容涉及自然科学、工程技术、医学和社会科学等学科。它是科技人员了解有关国际学术会议的主要检索工具。《世界会议》按其报道的地区和内容分为 4 个分册，均为季刊，检索消防会议主要使用其中的《世界会议：美国与加拿大》（1963 年创刊）和《世界会议：美国与加拿大以外国家和地区》（1968 年创刊）两个分册。

2. 会议论文检索工具

(1)《会议论文索引》

《会议论文索引》（Conference Paper Index，简称 CPI）由美国世界会议情报中心编辑，美国剑桥科学文摘出版社出版，1933 年创刊，1978 年改为现刊名，月刊。它报道科技、工程和医学、生物学等方面的会议论文，每年报道约 10 万篇，附有年度累积索引，是检索会议文献的主要工具。

(2)《科技会议录索引》

《科技会议录索引》（Index to Scientific & Technical Proceedings，简称 ISTP），它是美国科学情报研究所（Institute for Scientific Information，简称 ISI）出版的一部世界著名的综合性科技会议文献检索工具，创刊于 1978 年。ISTP 收录世界范围内用各种文字出版的会议文献，内容涵盖生命科学、物理、化学、农业、环境科学、临床医学、工程技术和应用科学等各个领域。ISTP 收录会议文献齐全，每年报道最新出版的 10000 多种会议录中逾 17 万篇论文，约占每年全球主要会议论文的 80% ~ 95%。ISTP 的会议论文资料丰富，有会议信息（主题、日期、地点、赞助商）、论文资料（题目、作者、地址）、出版信息（出版商、地址、ISSN）。ISTP 出版时间短，从 ISI 收到材料到索引出版，仅 6 ~ 8 周。ISTP 印刷版包括 12 期月刊和一年累积索引。目前有光盘版和网络版。在我国，ISTP 与 SCI、EI 一起，被列为三大文献索引工具，为众多研究人员使用。

(3)《中国学术会议文献通报》

其 1982 年创刊，1986 年起改为月刊，由中国科技信息研究所编辑出版，是查找我国召开的学术会议及其论文的主要检索工具。该刊以文摘、简介、题录形式报道国内会议论文，内容涉及电子技术、计算机、航空航天、机械、建筑等领域，资料来自全国重点学会举办的各种专业会议。目前它已建成数据库，可通过中国科技信息所的联机系统进行检索。

（4）《西文科学技术会议录联合目录》

该联合目录由北京图书馆联合目录编辑组编辑，书目文献出版社出版，共收录了全国 94 个图书馆收藏的西文科学会议录，总计7100 余种。目录分为正文与索引两部分，正文按《中国图书资料分类法》类目编排，索引按会议名称和机构名称字顺排列，它是目前国内查找西文学术会议录的主要工具。

（5）《国内学术会议通报》

其原名为《国内学术会议文献通报》，1982 年创刊，中国科学技术情报研究所编，是专门报道国内学术会议的题录式检索刊物。

此外，索引类、年鉴类检索工具如《中国消防年鉴》、《全国报刊资料索引》、《中国统计年鉴》等均可以检索到消防会议信息。

会议文献的原文获取，除了向发行单位订购或本人索取外，馆际互借也是获取会议文献的重要方式。通过一些专门的会议录目录或会议联合目录来查找会议文献的馆藏单位。我国收藏学术会议文献的主要单位有：中国科技信息研究所、国家图书馆、中国科学院图书馆、中国国防科技信息中心以及一些大学、研究型图书馆。

（二）会议信息数据库检索

1. ISI Proceeding（http：//www. webofknowledge. com）

ISI Proceeding 是由美国科技信息所（ISI）编辑出版的 ISTP（科技会议录索引）和 ISSHP（社会科学及人文科学会议录索引）两大会议录索引的 web 版。该数据库汇集了世界上最新出版的会议录资料，包括专著、丛书、预印本以及来源于期刊的会议论文，提供综合全面、多学科的会议论文资料。其最显著的特点是增加了会议论文摘要信息（光盘版没有论文摘要），该数据库每周更新。ISTP 提供了简单检索和全面检索两种方式。需要注意的是，该数据库对某些字段进行了规范化，如著者单位/地址中就有很多词采用缩写形式，为了确保准确，在检索前最好先点击"institutional place"（机构名称缩写）或"geographic place"（地理位置缩写），以明确检索词的缩写形式。

目前，国内许多大学和研究机构已订阅 ISI Processing，可以通过这些机构进行检索。

2. CNKI 中国重要会议论文全文数据库及国际会议论文全文数据库

（见本书第二章第一节）

3. 万方数据库资源系统会议文库

（见本书第二章第二节）

4. NSTL 中外文会议论文数据库（http：//www. nstl. gov. cn）

NSTL（National Science and Technology Library，国家科技图书文献中心）中外文会议论文数据库收录有中国科技信息研究所提供的国家级学会、协会、研究会组织召开的各种学术会议论文，每年涉及 1000 余个重要的学术会议，范围涵盖自然科学、工程技术、农林、医学等多个领域，内容包括：数据库名、文献题名、文献类型、馆藏信息、馆藏号、分类号、作者、出版地、出版单位、出版日期、会议信息、会议名称、主办单位、会议地点、会议时间、会议届次、联体文献、卷期、主题词、文摘、馆藏单位等，为用户提供最全面、详尽的会议信息，是了解国内学术会议动态、科学技术水平，进行科学研究必不可少的工具。NSTL 的主要文献服务内容包括：文献检索、全文提供、网络版全文、目次浏览、目录查询等。非注册用户可以免费获得除全文提供以外的各项服务，注册用户同时可以获得全文提供服务。

5. 中国学术会议在线（http：//www. meeting. edu. cn）

中国学术会议在线是经教育部批准，由教育部科技发展中心主办，面向广大科技人员的科学研究与学术交流信息服务平台。该平台本着优化科研创新环境、优化创新人才培养环境的宗旨，针对当前我国学术会议资源分散、信息封闭、交流面窄的现状，通过实现学术会议资源的网络共享，为高校广大师生创造良好的学术交流环境，以利于开阔视野，拓宽学术交流渠道，促进跨学科融合，为国家培养创新型、高层次专业学术人才，创建世界一流大学作出积极贡献。中国学术会议在线利用现代信息技术手段，将分阶段实施学术会议网上预报及在线服务、学术会议交互式直播、多路广播和会议资料点播三大功能。为用户提供学术会议信息预报、会议分类搜索、会议在线报名、会议论文征集、会议资料发布、会议视频点播、会议同步直播等服务。

6. Conference Papers Index（CPI）数据库（http://www.csa.com/factsheets/cpi – set – c. php）

这是印刷版《会议论文索引》的数据库。该数据库提供国际性、区域性或国家会议发表的科技会议论文，该库为收费数据库。

7. Forthcoming Conferences, URL（http://www.isworld.org/forthcoming/conferences.asp）

这是预报会议消息网络检索工具，可了解本学科研究领域世界范围内，近期或未来一段时间已经或即将举行的世界性、地区性学术会议的消息及有关会议文献的信息，该工具是一个通报会议信息的目录、指南和有关网站的导引页，它辑录了关于商业、法律、经济、能源、环境、教育、医学、计算机、工程、自然科学等多个国家地区性的会议信息网站及印刷本检索工具。用户可在该页的引导下直接链接有关的网站，获取有关专业的会议信息。

8. 上海数字图书馆科技会议录（http://www.library.sh.cn）

上海数字图书馆科技会议录是上海数字图书馆属下的"特种文献"中的"馆藏专业会议论文题录库"。收录 1958 年以来的各种科技会议文献，形成专业收藏，提供 1986 年至今约 20 万件网上篇名检索服务，每年新增数据 3 万条。用户可按照篇名、作者、会议名、会议地点、会议时间等项目进行检索，该数据库提供免费检索，并提供全文复印服务。

此外，还可以利用 OCLC 的 First Search 系统中的有关数据库检索。

第四节　消防学位论文检索

一、学位论文概述

学位论文是伴随着世界上学位制度的实施而产生的，是高等院校和科研院所的本科生、研究生为获得学位资格（博士、硕士和学士）而撰写提交的学术性较强的研究论文。学位论文在英国被称为"Thesis"，在美国被称为"Dissertation"。

学位论文按照内容一般分为两大类型。一类是理论研究型的，作者通常在搜集、阅读了大量资料之后，依据前人提出的论点和结论，再通过自己的深入研究或大胆实验，进一步提出新论点和新假说；另一类是调研综述型的，此类论文作者主要是以前人关于某一主题领域的大量文献资料为依据，进行科学分析与综合后，对其专业领域的研究课题做出概括性总结，提出自己独特的论点和新见解。

学位论文按照等级分为学士、硕士、博士三种。学士论文是合格的本科毕业生撰写的论文。毕业论文应反映出作者能够准确地掌握大学阶段所学的专业基础知识，基本学会综合运用所学知识进行科学研究的方法，对所研究的题目有一定的心得体会。学士论文一般是本学科某一重要问题的一个侧面或一个难点。硕士论文是攻读硕士学位研究生所撰写的论文。它应能反映出作者广泛而深入地掌握专业基础知识，具有独立进行科研的能力，对所研究的题目有新的独立见解，论文具有一定的深度和较好的科学价值，对本专业学术水平的提高有积极作用。博士论文是攻读博士学位研究生所撰写的论文。它要求作者在导师的指导下，能够自己选择潜在的研究方向，开辟新的研究领域，掌握相当渊博的本学科有关领域的理论知识，具有相当熟练的科学研究能力，对本学科能够提供创造性的见解，论文具有较高的学术价值，对学科的发展具有重要的推动作用。

学位论文的特点，第一，出版形式特殊。学位论文的目的只是供审查答辩之用，一般都不通过出版社正式出版，而是以打印本的形式储存在规定的收藏地点，且每篇论文在版式上均有严格的要求，必须严格按照学位论文的格式进行论文的写作、参考文献的引用和论文的装订等。学位论文的结构内容一般包括：封面、题名、中英文摘要、英文关键词、目录、序言、正文、注释、结论、参考文献。第二，内容具有独创性。学位论文一般都具有独创性，探讨的课题比较专深，有较高的参考价值。但学位论文有不同的等级，故水平参差不齐。通常情况下，所谓学位论文习惯上只限于硕士和博士论文。第三，数量大，难以系统地收集、管理和交流。随着科学技术的迅速发展，学位教育越来越受到各国的高度重视。仅美国每年就授予硕士学位学生达 30 万人，博士学位学生约 3 万人。因学位论文一般在各授予单位或指定地点才有收藏，搜集起来比较困难。

二、消防学位论文检索

传统的检索学位论文的方法是采用手工查阅印刷型检索工具书。国内的主要有《中国博士论文摘要（1981～1990)》、《中国学位论文通报》、《中国科学院学位论文文摘》等；国外的主要有《国际学位论文文摘》（DAI）、《美国博士论文索引》、《硕士学位论文文摘》、《英国爱尔兰大学学位论文索引》以及《学位论文综合索引》（CDI）等检索工具。其中，不少检索工具同时有印刷本和机读本两种。

随着互联网技术的发展，目前学位论文主要是通过互联网上的专题数据库或高等院校、科研院所自建的学位论文数据库进行检索，其中著名的学位论文数据库主要有：

1. CALIS 高校学位论文全文数据库（http://www.calis.edu.cn）

CALIS 高校学位论文全文数据库是由国家教委投资建设的高校范围内的学位论文共建共享项目，主要收录包括北京大学、清华大学等全国著名大学在内的 83 个 CALIS 成员馆的硕士、博士学位论文信息。内容涵盖自然科学、社会科学、医学等各个学科领域。该数据库采用 IP 控制使用权限，参建的高等院校和科研院所的用户都可以通过 CERNET 访问。进入 CALIS 主页，点击左侧"中文学位论文"进入"CALIS 学位论文中心服务系统"；点击"外文学位论文"进入"ProQuest 学位论文检索平台"，可以检索欧美 2000 多所大学的优秀博士、硕士论文。

CALIS 高校学位论文全文数据库主要提供两种检索方式，即简单检索和复杂检索。

输出检索结果显示页面包括二次检索的功能、检索结果管理区、个性化功能区及检索结果命中区。检索结果管理区，包括 4 个功能：显示格式、查看选项、E-mail、打印、下载。

2. 中国博士学位论文全文数据库和中国优秀硕士学位论文全文数据库

（见本书第二章第一节）

3. 中国学位论文全文数据库

（见本书第二章第二节）

4. ProQuest Digital Dissertations（PQDD）（http://pqdt.calis.edu.cn）

PQDD 是美国 UMI 公司出版的博士、硕士学位论文数据库 DAO（Dissertation Abstracts Oddest）光盘数据库的网络版。目前该公司更名为 ProQuest 公司，它是世界上最早及最大的博士、硕士论文收藏和供应商，该库收录了欧美地区 2000 多所大学的 200 多万篇博士、硕士学位论文的题录与文摘，是学术研究中十分重要的信息资源，是世界上最大和最广泛使用的学位论文数据库。从 2001

年开始，在文摘库的基础上，ProQuest 公司开发了电子版的学位论文全文方式。

自 2002 年起，为满足我国国内对博士、硕士学位论文全文的需求，国内许多高校、科研机构、公共图书馆等单位联合组成的 ProQuest 博士、硕士学位论文全文中国集团，订购 PQDD 中的部分博士、硕士论文全文，参加联合订购的集团成员（馆）均可共享整个集团订购的全部学位论文全文资源，目前中国集团可以共享的论文已经达到 405506 篇，内容涵盖社会科学、哲学、宗教、环境学、生物学、语言、文学、教育、信息和艺术、心理学、应用科学、纯科学、健康科学、生物学等多个学科，数据库每年更新。

ProQuest 博士、硕士学位论文全文数据库提供两种检索途径：基本检索和高级检索。

无论是基本检索还是高级检索，检索结果都以题录的形式出现，内容包括：论文标题、作者、学校、学位级别、指导老师、学科、来源、出版日期等。点击论文的标题或"查看详情"，即会出现论文的题录和文摘页面，再点击该页面下方的"查看 PDF 全文"、"下载 PDF 全文"、"下载 MARC 文件"按钮，选择直接打开浏览论文或将论文保存到自己的电脑上。

5. NDLTD 学位论文数据库（http：//www. ndltd. org）

NDLTD 全称是 Networked Digital Library of Theses and Dissertations，是由美国国家自然科学基金支持的一个网上学位论文共建共享项目，为用户提供免费的学位论文文摘，还有部分可获取的免费学位论文全文，以便加速研究生研究成果的利用。

目前，全球有 170 多家图书馆、7 个图书馆联盟、20 多个专业研究所加入了 NDLTD，其中 20 多所成员已提供学位论文文摘数据库 7 万条，可以链接到的论文全文大约有 3 万篇。和 ProQuest 学位论文数据库相比，NDLTD 学位论文库的主要特点就是学校共建共享、可以免费获取。另外，由于成员馆来自全球各地，所以覆盖的范围比较广，有德国、丹麦等欧洲国家和中国香港、台湾等地的学位论文。但是由于文摘和可获取全文都比较少，适合作为国外学位论文资源利用。

6. DISSERTATION. COM（http：//dissertation. com）

该数据库提供关键词、主题、题目、作者等途径进行检索，前25页可免费浏览，可以通过 Amazon 网上书店订购全文。

7. MIT 学位论文（http：//theses. mit. edu）

该数据库在线提供美国麻省理工学院学位论文，可在线逐页或定位浏览全文。

8. The British Library Document Supply Centre（BLDSC）（http：//blpc. bl. uk）

该数据库由大英图书馆文献供应中心建立，提供美国、加拿大、英国（自1970年起）的博士论文，先通过大英图书馆的馆藏查询系统，再申请全文复印服务。

9. Australian Digital These Program（ADT）（http：//adt. Caul. edu. au）

该数据库是澳大利亚国家的合作计划，目的是建立澳大利亚大学博士、硕士学位论文的分布式数据库，有全文。

第五节　消防产品信息检索

一、消防产品概述

狭义的消防产品，是指专门用于火灾预防、灭火救援和火灾防护、避难、逃生的产品。广义的消防产品包括消防产品外的，消防法律、法规、规章、技术标准对其规定了消防性能要求的产品，还包括消防设施，即建筑物、构筑物中设置用于火灾报警、灭火、人员疏散、防火隔离、灭火救援行动等设施的总称，如火灾自动报警系统、自动灭火系统、消防栓系统、防排烟系统以及应急广播和应急照明、安全疏散设施等，都属于消防产品的范畴。

消防产品类型：（1）按照产品形式，可分为单一消防产品和系统消防产品。单一消防产品，是指一件独立具有消防功能的产品，比如灭火器、防火门、防火卷帘等。系统消防产品，是指由各种单一消防产品和消防相关产品进行组合后具有特定系统消防功能的产品，如火灾自动报警系统、自动喷水灭火系统、气体灭火系统等。（2）按照市场准入制度划分，消防产品一般分为三种：①实施强制认证的产品。由公安部消防产品合格评定中心颁发强制认证证书。②实施形式认可的产品。由公安部消防产品合格评定中心颁发形式认可证书。③实施强制检验的产品。由国家消防产品质量监督检验中心抽样并出具形式检验报告。（3）按照用途可以分为灭火产品（包括灭火剂、灭火器、消防栓等）、防火产品（防火门、防火墙、防火卷帘、防排烟设施等）、消防应急照明三种。

消防产品种类比较多，作为一种特殊商品，消防产品一般都有相应的国家标准或行业标准，且都是强制性标准。凡是需要获得市场准入条件的消防产品，必须由公安部消防产品合格评定中心或国家消防产品质量监督检验中心抽样，并取得国家消防产品质量监督检验中心出具的形式检验报告。国家现有四个消防产品质量监督检验中心，即国家固定灭火系统与耐火构件质量监督检验中心（天津）、国家防火建筑材料质量监督检验中心（四川）、国家消防装备质量监督检验中心（上海）、国家消防电子产品质量监督检验中心（沈阳）。

二、消防产品信息的检索

（一）中国消防产品采购网（http：//www. fire – 119. cn）

该网站是全国规模最大、消防产品最全的网站，汇聚全世界消防产品精品。网站中有消防产品分类目录，可以按照分类查找，一级类目9类：A消防器材；B火灾报警；C自动喷水灭火；D消防泵阀；E防火门窗；F气体灭火；G消防装备；H森林消防；I家用消防；J安防产品。每一种产品都有图片、产品编号、适用说明、技术指标、各种参数、价格等，介绍非常详尽。

（二）中国消防产品供应信息网（http://www.chinaxf.net.cn）

该网站是由武汉立创机电工程有限公司主办，公安部、中国消防协会予以大力支持的专业网站。中国消防产品供应信息网依托公安部消防局和中国消防协会的资源优势，掌握国内的消防新闻和消防动态，并以此为基础搜罗全球的消防产业信息，整合资源，为广大企业提供更新、更全面、更权威的信息，内容涉及消防行业的方方面面，为消防人和消防企业提供最新的行业新闻资讯、展会信息、消防产品的供、需、求信息的发布等方面信息服务，向大众展示最有效、最快捷的消防产品信息。分为行业新闻、政策法规、企业单位、国外产品、供需信息、产品推荐、展会信息、技术合作等栏目。有产品二级分类目录，可以逐级进行查找；提供检索及高级检索功能，高级检索中有关键字、发布时间、产品类别和地区供选择，提供供求信息、项目招商、企业信息、咨询信息、代理信息、服务信息等内容进行匹配检索。

（三）中国消防网（http://www.c-119.com）

中国消防网是中国消防行业门户网站，由中国消防协会主办，是消防行业最权威、最专业的消防网络平台。其宗旨是服务消防界的广大商家和企业，为企业提供充分展示自我的舞台，免费提供供求信息发布平台，免费展示最新最全消防产品。中国消防网汇聚了消防生产企业、消防产品、消防产品技术、消防产品标准、消防产品采购信息、建筑消防设计规范、消防工程等。有消防产品分类，二级分类，一级分类包括火灾报警设备、自动灭火设备、防火材料和产品、消防器材，提供消防行业关键词。

（四）中国消防应急网（http://www.91xiaofang.com）

中国消防应急网是行网中国旗下关于消防应急产业的 B2B 平台，是企业交流消防应急技术、发布消防应急供求和浏览消防应急资讯行情的商贸平台。通过设立消防应急行业资讯、行业观察、企业管理、消防应急设计、消防应急论坛、设备材料、展会信息、消防应急知识、人才招聘等各种栏目，通过最新信息、资料库、数据库、分析预测、交流平台等，为会员单位和世界各国用户提供中国消防应急行业的信息和咨询服务；为消防应急业和相关产业提供贸易信息，寻找商业机会；传播消防应急文化和家居生活艺术，提供消防应急消费知识。

（五）中国气体消防网（http://www.chinagasfire.com）

中国气体消防网站系中国消防网站的分支，隶属于中国消防网站，也是中国土木工程学会给排水学会建筑给排水委员会和中国工程建设标准化协会建筑给排水委员会的气体消防分会的唯一指定网站。有重要和新型消防产品的资讯。

（六）其他含有消防产品的网站

1. 中国消防产品信息网（http：//www.cccf.com.cn）

2. 中国消防设备门户（http：//sq119.com）

3. 中国消防工程网（http：//www.xfgcw.com）

4. 慧聪网（www.hc360.com）

第六节　消防科技报告检索

一、科技报告概述

科技报告，又称研究报告或技术报告，是科学技术研究成果的总结，或对研究进程中各阶段的进展情况的实际记录。

科技报告的专业性强，其内容大多涉及高、精、尖科学研究和技术设计，报道详尽、技术数据具体，所报道成果一般必须经过主管部门组织有关单位审查鉴定，技术上具有较高的可靠性，能在一定程度上代表一个国家的科学技术水平；科技报告内容新颖，报道及时，具有保密性，一般不公开发行，只作内部交流；科技报告出版形式特殊，出版无规律，一般单独成册，而且不受篇幅限制，每篇报告都有连续的编号，以报告单位或主管部门的编写形式加上顺序号构成，科技报告的编号由于各系统、各单位的编号方法不同，代号的结构形式也相当复杂，国外常见的几种代号类型有：机构代号、类型代号、密级代号、分类代号、日期代号和序号。

科技报告可划分为不同的类型，按内容可以分为基础理论研究和工程技术两大类。按科技活动的不同发展阶段，分为两大类：一类是研究进展过程中的报告，如现状报告、预备报告、中间报告、进展报告；另一类是研究完成阶段的科技报告，如总结报告、终结报告、试验成果报告、竣工报告。按形式可以分为技术报告、技术札记、技术论文、技术备忘录、技术译文、合同报告、特种出版物、专利申请说明书等。按流通范围可以分为绝密报告、机密报告、秘密报告、非密限制发行报告、非密报告、解密报告等，这类报告多属于军事、国防工业和尖端技术成果。

二、消防科技报告的检索

（一）中国消防科技报告的检索

1.《科学技术研究成果公报》

其创刊于 1963 年，1966 年休刊，1981 年复刊，是文摘型月刊。由国家科委办公室编辑、科技文献出版社出版。报道条目按照农业、林业、工业交通及环境科学、医药卫生及其他 5 大类排列，每一大类中的文摘按照《中国图书资料分类法》分类号排序。每年第 12 期附有分类编排的年度索引。1999 年印刷版停止出版。目前它有光盘版和网络版，收录 1986 年至今国家级重大科技成果信息，每季度更新，可以通过中国科技情报所的 TRIP 联机检索系统进行检索。

2. 中国科技网（http：//www. cstnet. net. cn）

其是由中国科学院计算机网络信息中心提供的网站。收录国家科技成果、中国科学院成果及其他成果。可以链接国家科技部"科技计划"成果与项目，包括国家高科技发展研究计划成果、国家科技攻关计划成果、火炬计划项目、星火计划成果和技术创新基金项目、国家自然科学基金资助项目、科技成果交流。

3. 中国科技项目创新成果鉴定意见数据库（知网版）

（见本书第二章第一节）

4. 万方数据资源系统中国科技成果数据库

（见本书第二章第二节）

（二）美国消防科技报告及其检索

1. 四大报告概述

美国出版发行的四大科技报告是政府系统的 PB 报告、军事系统的 AD 报告、能源系统的 DOE 报告、航空航天系统的 NASA 报告。

PB 报告内容有 20 世纪 40 年代的第二次世界大战战败国的科技报告、专利、标准、技术刊物、图纸、对科技专家的审讯记录，20 世纪 50 年代美国政府科研机构、公司企业、高等院校、研究所以及部分国外科研机构的报告，以及近年来偏重于民用工程的土木建筑、城市规划、环境保护等内容。现在每年产生的 PB 报告约14000 件。目前，PB 报告是由美国国家技术情报服务局负责收集、整理和编辑出版发行的。

AD 报告是国防信息技术中心（原美国军事技术情报局）收集、整理、出版的科技报告，是为军事系统服务的，报告内容是军事科学技术及许多相关学科的文献资料，包括国防系统研究单位、公司企业、高校院所、国外一些科研机构与国际组织的研究和实验成果以及苏联、东欧和我国的译文。AD 公开报告数达 150 万件，目前，年发行量约 2 万件。AD 报告分为四个密级：机密、秘密、非密限制发行和非密公开发行。

DOE 报告是美国能源部及其所属科研机构、能源情报中心、公司企业、学术团体发表的技术报告文献。报告内容包括能源保护、矿物燃料、环境与安全、核能、太阳能与地热能、国家安全等方面。

NASA 报告是美国国家航空与宇宙航行局收集的科技报告。包括所属各研究机构和合同单位的研究报告，年发行量约 1 万件，内容涉及许多相关学科，主要有地球大气层内、外飞行问题的研究，宇宙飞船的实验、研究，空间开发活动研究等。

2. 四大报告印刷型检索工具

检索美国已公开出版的政府科技报告文献的主要检索工具有：检索 AD、PB 报告的美国《政府报告通报及索引》（Government Announcement & Index，简称 GRA&I）；检索 DOE 报告的《能源研究文摘》（Energy Research Abstracts，简称 ERA）；检索 NASA 报告的《航空与航天科技报告》（Scientific and Technical Aerospace Reports，简称 STAR）。

以上检索科技报告的刊物都附有 5 种索引：主题索引、个人著者索引、团体著者索引、合同号索引、报告号索引。检索途径与方法大致相同，有 4 种检索途径，分别是关键词途径、著者途径、团体著者途径、号码途径。

科技报告的获取，一是可以向 NTIS 直接订购报告的复印件、缩微片；二是索取国内现有的收藏，NTIS 订购号（入藏号）是获得科技报告原文的主要依据。我国从 20 世纪 60 年代初引进科技报告，数量逐年增加，从 20 世纪 60 年代中期开始，科技报告的引进逐步从书本型改为缩微片的全套订购。中国科技信息研究所是我国引进科技报告最主要的单位，上海科技信息研究所也有四大报告的原文馆藏。中国国防科技信息中心收藏有 AD 和 NASA 报告原文，中国科学院文献中心是收藏 PB 报告最全的单位，核工业部情报所收藏有 DOE 报告。

3. 美国科技报告的网上检索

（1）NTIS（International Technical Information Service）（http://www.ntis.gov）

NTIS 是美国四大报告的服务系统。可以浏览或检索 1990 年以来的有关科学、技术、工程和商业信息报告，该数据库为题录型，主要报道 PB 报告、非密或解密的 AD 报告、部分 NASA 报告和

DOE 报告，以及其他类型的科技报告。

美国四大报告还可以在其他联机检索系统中检索，如 Dialog。清华大学镜像服务器中设立 CSA，也可以检索美国四大报告，网址为 http：//cas. com. 或 http：//cas. tsinghua. edu. cn/。

（2）NASASTI（http：//www. sti. nasa. gov/）

这是 NASA 提供航空航天信息检索服务的网站，拥有丰富的科技报告的题录和全文。NASASTI 为网上用户提供了 300 多万条航空航天及其相关的文献信息。其中，STAR 提供与其印刷版（1996 年 36 卷起）完全相同的网络版，并供免费下载。但其他专题信息，如航空航天医疗与生物、航天专利等仅提供收费的服务。

（3）NASA 技术报告服务（http：//ntrs. nasa. gov）

这是 NASA 技术报告中心的网站，分 20 多个子库提供航空航天方面的科技报告的摘要。

（4）美国能源部 DOE（http：//www. doe. gov）

美国能源部管理美国各种核动力计划，每年与高等院校、公司和其他非营利组织签订约 1 亿美元的合同，以支持核领域的学术、科研、信息和管理方面的活动。通过能源部信息通道（http：//www. osti. gov/bridge），能够检索并获得美国能源部提供的研究与发展报告全文，内容涉及物理、化学、材料、生物、环境、能源等领域。

（5）美国联邦政府灰色文献网站（Gray lit Network）（http：//www. osti. gov）

其是由美国能源部、科技信息办公室（OSTI）、国防科技信息中心（DTIC）、NASA 及环保总署（EPA）提供的数据库，是联邦政府跨部门检索各类科技报告的综合性网站，部分提供报告全文。

（三）欧洲各国科技报告检索

灰色文献信息系统（System for Information on Grey Literature，简称 SIGLE）是由 EAGLE（European Association for Grey Literature Exploitation）建立的，它是 STN 系统（The Scientific and Technical

Information Network International）中的一个欧洲非正统文献题录数据库，数据库中除科技报告外，还有会议文献和学位论文。英国文献居多，占 50% 以上，其次是德国和法国。其网址为 http：//www. stn – international. de. /stndatabasasis/sigle. html。

第六章 消防信息资源的综合利用

第一节 信息资源的收集、整理与分析

一、信息收集

（一）信息收集的标准

1. 真实

真实是文章的生命，是科学立论的基础，只有真实、准确的材料，才能真正地体现主题。真实就是所选择的材料必须可靠、可信、确凿无疑。真实包括两个含义：一是材料必须符合客观事实，是有根据、有出处、经鉴别可供引证的；二是必须能够反映客观事物的本质，而不只是反映个别的、偶然的现象。为确保材料的真实性，选取第一手材料时也要反复核实，不能凭想象扩充，选取第二手材料时要多方考证，弄清来源，不能歪曲原意或断章取义。

2. 切题

切题就是根据文章的主题来取舍材料，避免泛泛涉猎，使主题与材料和谐地融合在一起。凡与主题有关的材料都应仔细推敲，认真掂量，从中选取最能表现主题、最能突出主题的材料，应该严格到：凡用进文章中的每一个事实、数据、细节都必须与主题紧密相关；对主题的表现无关或关系不大的材料，不论多么新颖、典型，都应毫不犹豫地"割爱"。这样，文章才能不蔓不枝，主题才能集

中突出。如果以个人的好恶来选择材料，就会出现材料与观点脱节或材料淹没观点、削弱主题的现象。

3. 典型

典型是最具代表性、最能充分说明问题、最能深刻揭示事物本质的材料。这样的材料能够把道理具体化，把过程形象化，有最强的说服力。材料典型就能很好地表现主题、切中要害，起到以一当十的作用。材料缺乏典型性，再多也无益于表现主题。要使材料具有典型性，就要深入挖掘，认真比较，精心选择。

4. 新颖

新颖就是在内容上具有时代精神，代表学科或专业的最新成就、新动态、新信息、新事物，能给人一种新鲜感；新颖的材料有助于进行创造性思考，容易有独到的见解，容易写出新意。

5. 充分

充分就是所选的材料必须有足够的数量。充分的材料是进行辩证思维和创造性思维并引出可靠结论的保证。有的材料虽然好，但只有一点点，很难说明问题、支撑主题。至于到底多少材料才算充分，要视具体的研究需要而定，最低限度是选取的材料要足以说明论文的观点，并能引发作者的创造性思维。

总之，收集材料时，在充分的材料中，要选真实的；在真实的材料中，要选切题的；在切题的材料中，要选典型的；在典型的材料中，要选新颖的。

（二）文献信息的收集方法

1. 参考文献追溯法

此法是利用作者在论文、专著的末尾所列举的参考文献，或者是作者在论文、专著中所提到的文献，追踪查找有关文献信息的方法。在获得比较权威性的综述或专著的情况下，利用此法查找文献信息可以相对节省时间，但是范围有限。

2. 系统文献检索

系统文献检索就是利用手工检索工具和计算机检索系统，查找已公开发布的信息。手工检索是对信息资料的外部特征进行检索，如分类号、题名、作者、摘要、附录等；而计算机检索不仅可以实现手工检索的绝大部分功能，而且还能根据资料的内容进行检索，是目前信息检索最常用的方法。在利用此法收集文献资料时，可以采用顺查法、倒查法、抽查法（见第一章第二节"信息检索方法"）。

二、文献信息的整理与鉴别

材料收集到以后还是零碎的、杂乱无章的，需要经过一番科学的整理加工，才能使"无序"变得"有序"，同时在整理中可以随时了解材料的数量、价值和完整程度，以便及时补充和调整，避免费时返工。整理的方法主要包括形式整理和内容整理。

（一）形式整理

第一步：建立材料档案，将收集来的材料按篇名、编著者、出处、内容提要的顺序进行著录，最后再编制一个全部材料的一览表，一目了然，避免遗漏。

第二步：按材料涉及的学科或主题进行归类，将观点或内容接近的材料归为一类，并著录分类号和主题词。

第三步：将著录和归类后的材料按内在关系进行编号序化，使之系统化、有序化。

（二）内容整理

从信息来源、发表时间、理论技术水平和适用价值等方面对经形式整理后的材料进行鉴别，通过查核、比较、分析，剔除那些实际意义和参考价值不大的部分。再将材料中与研究课题有关的观点、图表和数据提取出来，把相同的观点进行合并，相近的观点进行归纳，把各种图表、数据进行汇总，最后编号、排序供下一步利用。

（三）信息资源的鉴别

对于从各种渠道收集的信息资源，必须进行科学处理，即进行鉴别、筛选以决定取舍。信息筛选主要从 3 个方面进行，即判断信息的可靠性、先进性及适用性。

1. 信息的可靠性判断

信息的可靠性主要是指信息的真实性和准确性。一般从信息的内容、外部形式、外界反映及评论文章等方面进行考察判断。

从信息的内容进行判断，主要看信息内容的逻辑推理是否严谨，是否有精确的实验数据为依据；内容的阐述是否清楚，是否达到一定的深度和广度；所持的观点与结论是否有充分的理论和实践作依据。对于技术文献还要看它的技术内容是否详细、具体，是处于试验探索阶段还是处于生产应用阶段。一般来说，立论科学、论据充分、数据精确、阐述完整、技术成熟的文献，可靠性较强，参考价值也较大。

从信息的外部形式进行判断，主要从文献信息的作者、出版单位、资料来源、类型等方面进行判断。一般来说，由著名专家撰写、著名出版社出版、官方或专业机构人员提供的文献可靠性较大。

从外界的反映进行判断，主要指从被引用情况判断：被别人引用的频率高者，其可信度也高；已用于指导实践的理论和已用于生产实践的技术，其可信度要比处于探索阶段的理论可信度高。

从评论文章去判断，新理论、新技术出现一段时间以后，社会就会出现对其各种各样的评论，凡被舆论肯定的理论和技术，可信度一般较高；文章发表时，编辑部给予肯定的评语，也可以用来判断其可靠程序。

2. 信息的先进性判断

信息的先进性很难用简单明了的话加以概括，这是因为信息的先进性有多方面的含义。在科技信息上，先进性是指在科学技术上是否有某种创新或突破，其先进性可以从内容、形式、时间等指标进行考察。

第一，从内容上看，发现新的定理或定律，研制出新的技术等信息固然新颖，但在技术发展上，这种重大的、全新的信息毕竟是少数，所以在判断先进性时，要把注意力放在"某一方面是新的"层面，才能发现更多有价值的信息。信息内容是否在原有知识的基础上提出了新的观点、理论与事实；是否在原有的技术基础上提出了新的方案、新工艺、新设备、新措施；对原有技术和经验是否在新领域进行了应用，并取得了新的成就等。

第二，从形式方面考察，即从资料的来源、发表的时间、有技术专长的地域、经济效益、社会反映等方面考察。通常技术先进的是首家发表的、世界著名期刊相互转载的、经济效益好的、社会反映好的文献资料。

第三，从时间上看，在此之前从未被披露和报道过这一内容的，则是新颖的，它是先进性的重要标志，但还须看其内容是否新颖。

3. 信息的适用性判断

适用性，是指文献信息对用户适合的程度与范围进行考察。

首先，从内容考察，主要看文献信息中介绍的理论、方法和技术，是否适合中国国情，是否适合用户需要，是适合近期需要，还是适合远期需要等。凡能适合研究需要的信息，都具有适用性。

其次，从适用范围考察，主要看文献信息是只适用于某一方面，还是适用于多个方面；是适用于特定条件的局部，还是适用于整体；是适用于少数有关人员，还是适用于较多人员；是适用于一般水平，还是适用于较高水平；是适用于科技发展较先进的地区，还是适用于比较落后的地区。

总之，对文献信息的适用性要作具体分析，应根据研究课题的目的、要求、成果适用的时间、地点、条件等进行判断。凡适合研究需要的文献，就是有参考价值的文献。

(四) 信息分析的方法

信息分析，就是根据特定的课题需要，对被搜集的大量文献信息资料和其他多种有关的信息进行研究，通过分析、对比、综合、推理等逻辑思维过程和必要的数学处理，系统地提出可供用户使用的资料的一项工作。

信息分析研究是一项综合性很强的科学工作，其目的是从繁杂的原始相关信息资源中提取具有共性的、方向性或者特征性的内容，为进一步的研究或决策提供佐证和依据。用于信息分析的方法主要有逻辑学法、数学法和超逻辑想象法三大类。其中，逻辑学法是最常用的方法。逻辑学法具有定性分析、推论严密、直接性强的特点，属于这一类的常用方法有综合法和分析法。

1. 综合法

综合法是把与研究课题有关的各种分散信息，按特定的目的汇集归纳成系统而完整的信息集合。综合的具体方法有简单综合、分析综合和系统综合。

第一，简单综合法，是把原理、观点、论点、方法、数据、结论等有关信息一一列举，进行综合归纳。

第二，分析综合法，是把有关的信息进行对比、分析、推理，在此基础上进行归纳综合，并可得出一些新的认识或结论。

第三，系统综合法，这是一种纵横交错的综合方式。从纵的方面看，把获得的信息同与之有关的历史沿革、现状和发展预测进行综合，从中得到启迪，为有关决策提供借鉴。从横的方面看，把与之有关的学科领域、技术进行综合，从中找出规律，为技术创新或技术改革提供相关依据。

2. 分析法

分析法是将复杂的事物分解为若干部分，根据部分之间的特定关系进行分析，从已知的事实中分析得到新的认识，产生新的知识或结论。按分析的角度不同，有对比分析法和相关分析法。

第一，对比分析法，是指对同类事物的不同方案、技术、用途进行对比，找出最佳方案、最优技术、最佳用途；可对同类事物的不同时期技术特征进行对比，了解其发展动向和趋势；可对不同事物进行类比，从中找出差距，取长补短。

第二，相关分析法，是指利用事物之间或事物内部各个组成部分之间存在的某种相关关系，如事物的现象与本质、原因与结果、目的与方法或过程等相关关系，从一种或几种已知事物特定的相关关系顺次地推出未知事物，从而获得新的结论。

第二节　信息研究报告的撰写

信息研究报告是在占有大量信息的基础上，结合课题的研究目标与需求，对有关信息进行系统整理、分析、归纳后所作的综合叙述，并提出分析结论或建议，为领导决策部门、行业决策部门提供参考的科技文书。信息研究报告根据研究的目标和使用的对象不同，分为综述、述评和专题报告3种类型。

一、综述的撰写

（一）综述的含义与特点

综述是对在一定时期内某一学科、专业的研究成果、研究动向或某项技术产品的技术成就、技术水平、发展方向等进行较系统、全面的分析研究，进而归纳整理后所作出综合性叙述的一种情报资料性科技文书。有关学科的综述叫综合性综述，有关技术或产品的综述叫专题性综述。综述具有如下特点：

1. 情报信息量大

综述能全面、系统地反映某一学科或专业在某一时期内的综合情况，因此信息量大、覆盖面广。信息量大，是指一篇综述往往是著者查阅了几十篇甚至几百篇以上的文献资料，从中选取大量的情报信息，再浓缩于一文。所以读一篇综述相当于从几十篇相关文献中获得优化、精纯的情报信息。覆盖面广，是指综述包含了某一学科或专业在某一时期内国内外的发展历史、当前状况、发展趋势以及相关原始文献，尤其是重要原始文献中的大量数据、重要资料、主要观点等，为读者全面了解某学科或专业的概况提供了大量的信息资料。

2. 着重客观叙述

综述是以叙述为主要表达方式的一种文体，是一种述而不评的科技信息文体，它只着重于客观叙述，只对原始文献、数据、观点作客观的分析和表述，而不加入作者的评论和见解，也不提意见和建议。

3. 提示程度专深

综述用于揭示度深的情报产品，与其他情报产品如目录、索引、文摘等相比，综述揭示文献信息的程度要专深很多。

4. 具有创造性

虽然综述中的观点、材料不是著者自己的，在综述中著者也不加入自己的观点，但一篇高质量的综述在观点的取舍、材料的引用、组织安排与文字加工等方面，均能体现著者的见解、倾向、学术水平与写作根底。一篇高水平的综述，不仅能做到观点鲜明、材料丰富、综合恰当，而且还能指导读者确定研究课题的突破口，启迪同行创立科研方向的新思路。而这都与知识的再创造有密切的关系，因而综述是一种创造性的写作。

（二）综述的作用

第一，可以节省读者查阅、整理、归纳原始文献的时间，提高读者收集、利用科技信息的效率。因为综述中浓缩了大量原始文献的同类信息内容，而且包括了各种有争议的信息资料。

第二，为读者选定科研题目提供了重要的参考。因为读者可以从综述中了解相关研究领域的研究状况及研究动向，如目前的发展水平、存在的问题、使用价值、经济效益、发展方向、发展前途等信息内容，而这些信息对选择科研方向、选定科研课题具有重要的参考价值。

第三，专题综述还可以为工程技术人员提供本行业国内外的发展情况和生产、设计方面的借鉴。

第四，综述还可以为有关领导决策机构及领导人提供科学的决策依据。

（三）综述的类型

1. 文献综述

这是最常见、数量最多的一种综述。它是把某一时期内的相关学科、专业技术、产品的科技文献加以汇总，进行整理分析，并叙述其研究进展情况的综合性文体。文献综述的写作目的是向读者提供最新的、最全面的科技信息。文献综述的写作可以侧重资料的归纳整理，也可以侧重研究动态的介绍。

2. 讨论综述

讨论综述是对某一阶段某一学科中某一课题的讨论概况进行专门的综合叙述。它带有阶段小结的性质，但不具有权威性。这种综述要求著者搜集大量的有关某一学科、某一课题的讨论情况，将各种理论、观点进行归纳和概括。在对讨论情况进行叙述、介绍时要做到客观、准确，不带有著者个人的见解。

3. 会议综述

会议综述是对大型学术会议或专业会议的内容进行综合叙述。会议综述要对会议内容作实质性的表述，要对会议讨论的主要问题、会议的基本结论和今后的任务作出具体的叙述，也要对会议所讨论的问题在其学术领域中所处的地位以及该问题提出的有关学术背景作简要叙述。不允许著者在综述中进行评说，不论是反映多数人通过的意见，还是反映个别重要的不同观点，都必须如实客观地表述。

（四）综述的格式和内容

综述一般由题名、著者、摘要、正文、参考文献五部分组成，其中正文部分又由前言、主体、结论三部分构成。下面主要介绍摘要、正文和参考文献。

1. 摘要

摘要并非每一篇综述必须有，当综述的篇幅比较长时，通常在正文之前附一简短的内容摘要，以便读者尽快了解综述的主要内容。如果综述的篇幅比较短，则可略去摘要部分。

2. 正文

正文是综述的主要内容部分，要做详细叙述，字数以 3000 ~ 6000 字为宜。

正文包括前言、主体、结论三个部分。

（1）前言

说明本综述写作的原因、目的、意义、学术背景、目前状况、争论焦点、编写过程，介绍搜集资料的范围等，使读者对综述有一个轮廓性的了解，做好阅读全文的思想准备。前言要写得简明扼要、重点突出，字数以 100 ~ 200 字为宜。有些综述由于略掉了摘要部分，所以在前言部分简单介绍综述的主要内容。还有一些综述，前言部分的内容有时与主体部分连为一体，并不标出"前言"一词。

（2）主体

主体是综述的核心部分，要尽可能地反映各种不同的观点和意见，对于搜集到的各种数据可按内容和需要制成表格附上，综述的内容叙述要详细具体。主体的写法主要有 3 种：

一是纵式写法，即围绕某一专题，按时间先后顺序或专题本身发展层次，对其历史演变、目前状况和发展趋势做纵向的描述，从而勾画出某一专题的来龙去脉和发展轨迹。纵式写法要脉络分明，要对某一专题在各个阶段上的发展动态作扼要描述，如已经解决了哪些问题，取得了什么成果，还存在哪些问题，今后的发展趋势如何等。不能孤立地按时间顺序罗列事实，把它写成了"大事记"或"编年体"。纵式写法还要突出一个"创"字，对有创造性和突破性的专题要作详细介绍，而对一般的、重复性的就从简从略，这样既突出重点又详略得当。纵式写法适合于动态性综述，其特点是动向明显、层次清楚。

二是横式写法，即围绕某一专题在国际和国内的各个方面，如各派观点、各家之言、各种方法、各自成就等加以描述和比较，分辨出各种观点、见解、方法、成果的优劣利弊，同时又可以看出国际水平、国内水平和本单位水平的差距。横式写法适合于成就性综述，主要介绍某学科或某项目的新成就，如新理论、新观点、新发明、新方法、新技术、新进展等，并突出其特点。横式写法要突出一个"新"字。

三是纵横结合式写法，即在同一篇综述中同时采用纵式写法与横式写法。例如，写历史背景采用纵式写法，写目前状况用横式写法。"纵""横"交错，广泛地综合文献资料，全面地认识某一专题及其发展方向，作出比较可靠的趋向预判。

无论采用哪种写法，都要求做到：全面系统地搜集材料，客观公正地如实反映；分析透彻，综合恰当；层次分明，条理清楚；语言简练，详略得当。

（3）结论

是否写结论要根据需要确定，如果主体部分阐述得详细而全面，结论则可略去。如果主体部分阐述得不够充分，则需要写一个简短的结论，字数以 100～200 字为宜。结论或者简要说明主体的主要内容，指出研究的意义、存在的分歧意见和要解决的问题，或者预测、展望所综述对象的研究发展方向、研究前景等。

3. 参考文献

参考文献是综述的重要组成部分，放在文章的最后。列出撰写本综述所涉及的重要参考文献目录，为读者核对或作进一步研究提供线索。对待参考文献必须严肃认真，要列出作者亲自阅读的，直接引用的，具有新颖性、真实性、代表性的文献。参考文献的编号通常按文中首次出现的次序连续排列，采用阿拉伯数字加方括号标明在文中引用的相应部位文字的右上角。

（五）综述的写作步骤

1. 选择综述对象

由于综述的内容比较广泛，选准综述对象是写好综述的一个关键步骤。选择综述对象的原则有两条：一是需要性，二是可行性。

需要性，是指具有学术价值、实用价值、社会价值而且是同行最为关注的题材。可行性，是指具有完成综述写作的主、客观条件。选择综述对象可以从以下几个角度考虑：

一是选列入国家攻关项目的科技课题进行综述。

二是结合国家、部门、企业的长远规划和近期科研项目来选定综述对象。

三是结合生产建设或科学研究当中的重要问题来选定综述对象。

四是选国际上的新技术、新方法进行综述。

五是选我国在某阶段的科学或技术领域的发展变化状况进行综述。

除此之外，选择综述对象还要考虑著者是否熟悉，只有精通本行的专家才能结合自己的科研与工作，选择熟悉的对象，这样写出的综述在质量上才有保证。同时还要量力而行，要根据自己的学术造诣、实践经验、分析综合能力选择适合自己条件的综述对象。此外，资料来源要有保证才能全面、系统地搜集到切题的材料。

2. 精选文献资料

选定综述对象后要利用各种检索工具搜集资料，尤其是专业性检索工具，包括查阅期刊和报纸的索引，查阅年鉴和百科全书中的有关条目，也可利用数据库进行文献检索。如果综述对象是实际意义较大的课题，还应进行实际调查，取得情报资料线索。阅读文献材料的策略如下：

（1）由点及线再到面地阅读

对初习综述写作的人来讲，可以先看教科书、工具书，从点上掌握一些名词术语、基本概念和事实数据。然后读别人写的有关综述，从线上了解课题的来龙去脉。也可以将别人所写综述中有关部分作为参考资料，引用到自己的综述中去，既丰富了素材，又节省了时间。最后再从面上阅读期刊论文、会议文献、科技报告等原始文献，从而对所写对象有深入、全面的了解。

（2）先读最新发表的论文

综述中应引用最新资料向读者展示某一专题的最新信息和进展情况，为此，在搜集到的资料中要优先阅读最新发表的论文。

（3）先读有权威性、代表性的论文

所谓权威性，是指论文的作者在该专题领域中是声望卓著的专家，他（她）所从事的科研项目在国际或国内处于领先地位，在权威性期刊上发表过质量高、数量多的论文并常被引用。所谓代表性，是指在搜集到的论文中，如果有几篇的内容相关或相近，则选其中科学性、学术性或实用性最强的作为代表性论文先读。

阅读可以采用粗读、通读与精读相结合的方式：

粗读就是粗略地、快速地阅读，以求了解文章的梗概，如扫描式阅读标题、目次；闲暇式地读摘要、前言、结论与参考文献等。通读就是按原文顺序阅读，读时只求领会，不求甚解，这样可以提高阅读效率，开阔视野，扩大知识面。精读是逐字逐句逐段地读那些与自己的专业、科研或工作关系最为密切，且又有较大理论或实用价值的文献资料。读时要记下文献出处，摘录要点，写下阅读心得。

阅读材料的过程就是选择素材的过程，精选文献时首先要尽力获取原始文献资料，如实验报告、专利文献等，其次才使用文摘、综述、述评等二次文献。

3. 拟定提纲

资料收集齐全之后，在下笔之前要先拟订提纲。提纲的优点是帮助理顺思路，进行文章布局，避免写时跑题。拟定提纲时要围绕主题将综述分为前言、主体、结论等几个大的部分，每一部分如何说明主题，安排什么材料，材料之间的内在逻辑关系怎样显示，都应该在提纲中用层次序号或层次标题标明，并注明材料出处。

4. 撰写初稿

提纲拟订之后，最好集中一段时间一气呵成，思路畅通，衔接紧密，前后连贯，浑然一体。

5. 修改定稿

修改定稿，是指初稿写好后，从内容到形式再进行反复推敲直到定稿。

二、述评的写作

（一）述评的含义与特点

述评是一种情报研究性科技文体。是针对某一学科、技术或技术经济等专题，全面搜集国内外的有关文献，在对这些文献进行整理、分析、综合、精选的基础上作出的书面叙述和评价。与综述相比述评具有以下特点：

1. 着重主观评价

综述只进行客观概括的叙述而不作评论，述评不仅要进行叙述而且要对所叙述的对象进行评论，要评论其科学理论意义或技术价值，要指出所述对象的优缺点，并提出自己的观点、意见和建议等。述评中的叙述通常是为它的评论服务的，这一点与综述中的叙述不同，可以这样说，综述是述而不评，述评则是有述有评，既可以先述后评，也可以边述边评。这是述评的基本特点。

2. 信息量大

述评与综述一样包含着大量的信息，一篇述评的信息量相当于几十篇甚至上百篇相关文献的情报信息。阅读述评可以使读者对某一专题有一个全面的、整体的认识。

3. 具有创造性

述评的叙述部分绝不是对原始文献的简单重复，在材料的引用、观点的取舍、结构的安排上都表现出著者对信息的再创造，述评的评论部分则更明确地体现着著者的观点和见解，因此，述评具有一次文献的价值。

（二）述评的作用

第一，有直接的参考价值。美国的一些情报学家认为，如果能克服出版周期过长和人力不足的困难，述评很可能成为科学界最受欢迎的出版物。在日本，无论是现场的工程技术人员，还是研究工作者，都认为阐述尖端技术和发展趋势的述评比一般的研究论文还要受欢迎。因为述评中著者可以对所述对象进行评论，并提出自己的观点、意见和建议，所以它比综述具有更为直接的参考价值，便于读者利用文中述评的科研成果进行继续研究。

第二，帮助科技人员选题定向。

第三，为工程技术人员选择技术线路和进行技术设计提供参考。

第四，为领导部门在确定科学技术发展方向、制定政策、进行科技规划时提供决策参考。

（三）述评的种类

根据写作的目的不同，述评常见的类型有以下几种：

1. 对比分析型述评

这种述评着重对比国际、国内和本地区本单位的水平，找出与国际、国内先进水平的差距，通过对比提出许多新的问题，引起读者的思考。

2. 系统分析型述评

这种述评是对述评对象的各个方面都加以分析，显得全面、系统、客观，使读者对所述评的对象有一个全面而深入的认识。

3. 创造性述评

述评都体现着创造性，这里所说的创造性述评是指可以列入一次性文献的述评。这种述评有观点、有建议，作者在分析比较的基础上提出自己的见解，创造性体现得较为突出。

（四）写作述评要注意的问题

1. 写作述评时首先要考虑不同读者的阅读要求

述评的阅读对象大体上分两类：一类是科技人员，另一类是决策部门的有关人员。不同的阅读对象要采用不同的语体风格。如果述评的阅读对象是科技人员，那么这类读者所需要的是与自己学科专业或课题相关的信息，并且是科学性、专业性强，包含较多最新动态的科技信息。因此，在写作时要紧紧抓住本学科、本专业的最新进展阐述自己的观点和看法，常识性的内容原则上应当摒弃，可多用符号、公式、术语以求行文的简洁准确。如果述评的阅读对象是决策部门的有关人员，写作时应力求简明扼要，通俗易懂，少用符号术语。在建议部分要讲清建议的依据和实质意义，以供领导部门决策时参考。

2. 要明确分清述评者的观点和他人的观点

写述评时，凡是引用或概述他人观点，都应进行明确的表述，使读者一看就知道这是他人的观点。不能含糊其词，把别人的见解、观点与述评者自己的见解、观点混在一起。如果读者很难区分哪些见解、观点是述评者的，哪些见解、观点是原始文献中的，那么该述评的价值要大打折扣。

三、专题报告

专题报告是针对某项专门课题，如某项技术的引进或转让、某项产品的开发与利用、某个项目的立项决策等进行的专门信息研究。研究的结果可以是针对所提问题的判断，如技术引进是否具有先进性，是否适合国情，技术转让是否会侵犯别人的知识产权，新产品的开发是否具有新颖性和市场价值。也可以是某种建议或方案，如对新建项目的最佳投资效果进行预测，因而同时具有综述和述评的特点。

（一）专题报告的特点

1. 研究范围较窄

专题报告要以某项专门课题的有关信息为具体研究内容，如相关的技术原理、方法、工艺、设备等进行分析研究，为一项新技术、一种新工艺、一个新产品、一套新装置、一类新材料等的研制与应用，为一个新项目的立项，提供技术参考借鉴和专业估算预测。

2. 专业信息详细全面

虽然专题报告的研究范围较窄，但是要求占有这个专业范围内最新的、最详细的、最全面的信息材料。因此，写作专题报告时，一般要组织多方面专业人员搜集有关信息资料，这样，提供的技术参考借鉴和专业估算预测才有价值。

3. 较强的时效性

专题报告具有极强的现实实用性，因此力求及时迅速。

（二）专题报告的种类

1. 研究成果鉴定专题报告

这种专题报告主要利用各类信息所提供的某项课题的相关原理、方法、技术、工艺、设备，为研究成果的级别鉴定提供技术参考。

2. 专利申请查新专题报告

对专利申请对象的相关技术资料进行分析研究，提供是否具有新颖性的技术依据。

3. 技术引进和技术转让专题报告

对引进技术的相关资料进行横向和纵向的分析研究，论证该技术引进是否在国际或国内具有先进性，是否适合国情；对技术转让的技术背景资料进行分析研究，论证该技术转让是否会侵犯别人的知识产权。

4. 开发新产品专题报告

围绕新产品的性能、在同类产品中的地位、在市场中的定位等相关信息的分析研究，为新产品的开发是否具有新颖性、是否具有市场价值提供参考。

（三）专题报告的作用

第一，为研究成果的级别鉴定提供相关的背景材料。

第二，为专利申请是否具有新颖性提供依据。

第三，为技术引进是否具有先进性，技术转让是否侵犯知识产权提供技术背景材料。

第四，为新产品的开发是否具有新颖性和市场价值提供参考依据。

第五，为某个项目的立项提供决策依据。

（四）专题报告的格式和内容

1. 标题

专题报告的标题常用"关于……的报告"的结构，"关于"后面的内容是某项专门课题，如一项新技术、一种新工艺、一个新产品等。

2. 署名

（略）

3. 前言

前言包括研究课题的目的、意义，研究内容、目标的简述，信息检索范围、检索策略、检索结果等。

4. 正文

在整理分析信息的基础上，对涉及的国内外同类技术、同类产品、同类设备等信息进行归纳、分析与综合叙述，具体可按照专题研究的事物，以时间为序进行叙述，或以事物的不同特征、不同应用领域分别叙述，然后归纳综合。

5. 结论或建议

根据信息归纳、分析、综合概述，按照研究课题的内容、目标，提出定性或定量的分析结论和预测性建议。

6. 参考文献

将专题报告所引用的各条信息按主题或分类的原则列出参考文献目录，与专题报告有关的图表、数据也应作为附录列于参考文献之后，为读者核对或进一步研究提供索引。

第三节　学术论文的撰写

一、什么是学术论文

中华人民共和国原国家标准局对学术论文的定义是："学术论文是指某一学术课题在实验性、理论性或观点性上具有新的科学研究成果或创新见解的知识和科学记录，或是某种已知原理应用于实际中取得新进展的科学总结，用以提供学术会议上宣读、交流或讨论；或在学术刊物上发表；或作其他用途的书面文件。"

一篇学术论文的结构形式应在层次、段落、开头、结尾、过渡和前后照应等方面体现出结构的严密、思路的清晰和体系的完整。一般而言，一篇完整的学术论文可归纳为如下内容：提出命题、阐明研究方法、得出研究结果、给出明确结论等。具体包括题名、作者、作者单位、摘要、关键词、《中图法》分类号、文献标识码、引言、正文、结论、参考文献、附录及致谢等。

二、学术论文的作用

（一）展现和保存科研成果

学术论文记载着广大科研工作者对人类的贡献，展现了科学研究的丰硕成果和已达到的学识水平，并进一步进行补充、丰富和扩展，增加了人类对自然现象认识深化的成果，将这种成果永久性地保存于人类的科学宝库中，成为人类共同的精神财富。

（二）促进学术交流

在现代科学研究中，科研的继承性和开放性是紧密相关的，没有前人公示的科研成果，就没有现在的研究基础。因此，每个人的科研成果都要拿来与大家交流。科研成果只有形成学术论文，才能进行学术交流，并通过交流和传播，活跃学术思想，促进学术交流和科技发展。

（三）业务水平考核

一般而言，发表学术论文的多少与作者对社会效益和经济效益的贡献大小有关，这是评价科研工作者业务和科技成果的重要标准，也是进行业务考核与职称评定的重要依据之一。

三、学术论文的选题

选题在学术论文写作中具有头等重要的意义。这是因为，只有研究有意义的课题，才能获得好的效果，对科学事业和现实生活有益处。而一项毫无意义的研究，即使研究得再好，论文写得再好，也是没有科学价值的。

在学术论文写作过程中，要坚持两不要：第一，没有自己的一点见解，就不要下笔；第二，在前人已有成果的基础上，没有一点新的看法，就不要去写。

（一）选题的原则

科研工作者在难以计数且纷繁复杂的科学和技术问题面前，如何正确地选择适合自己能力和条件的研究课题显得尤为重要。很显然，在这方面没有固定的模式和套路，但一般来说，必须遵循以下几条基本原则。

1. 科学性

科研选题的科学性包括三个方面的含义：一是要求选题必须有依据，其中包括前人的经验总结和个人研究工作的实践内容，这是选题的理论基础；二是科研选题要符合客观规律，违背客观规律的课题就不是实事求是，就没有科学性；三是科研设计必须科学，符合逻辑性。科研设计包括专业设计和统计学设计两个方面。前者主要保证研究结果的先进性和实用性，后者主要保证研究结果的科学性和可重复性。

2. 创新性

科研选题必须具有创新性，要选择前人没有解决或没有完全解决的问题，不能只重复前人做过的工作。坚持创新，就是要善于捕捉有价值的线索，勇于探索，不断深化。创新可分为两种类型：根本性创新和增量性创新。判断科研选题的创新性，主要是看选题的内容是否开拓新领域、提出新思想，是否采用了新设计、新工艺、新方法和新材料等。

3. 需要性

科学研究旨在解决理论和实践问题，基础理论研究最终也将应用于生产领域。无论是科研选题还是论文选题，都应本着需要性的原则，选择那些对社会和生产有直接或间接效益的课题。当然，有些纯理论的课题暂时还看不出其应用价值，但随着科学发展，其需要性会逐渐显示出来。

4. 可行性

可行性，是指研究课题的主要技术指标实现的可能性。选题的可行性原则除了要求科研设计方案和技术路线科学和可行外，还必须具备一定的条件。例如，课题承担者的学术水平，课题组成员的专业结构、知识结构、年龄结构，主要的仪器设备，合格的实验试剂，一定的经费，与本课题有关的基础研究工作等。

（二）选题的方法与途径

1. 在前人研究成果的基础上进行选题

任何新成就的取得都是对前人成果的继承与发展。随着社会的进步和条件的变化，有必要对前人做过探讨的课题继续研究。首先要弄清楚前人的思想、研究成果、已解决的问题、存在的问题和尚待开拓的领域等基本情况，在前人的基础上，进行深化、补充和发展原有的研究成果。这样的选题，既意味着继承，又意味着发展，深入一步，往往就意味着创新和突破。

2. 从广泛阅读中选题

通过对占有的文献资料快速地、大量地阅读，在比较中来确定选题。在阅读资料的过程中提出问题，寻找自己的研究课题。这就需要对收集到的材料做全面的阅读研究，主要的、次要的、不同角度的、不同观点的材料都应了解，在浩如烟海、内容丰富的资料中吸取营养，反复思考琢磨后，必然会有所发现，这是搞科学研究的人时常会碰到的情形。

为了获得值得研究的线索和问题，在阅读文献的过程中要重点关注论文的引言和讨论部分。因为在这些论述中，作者一是总结了某一学科领域所存在的尚未解决的问题和难题。二是根据自己的理解和观点，提出了下一步要研究的内容或课题，这对自己提炼课题是十分有帮助的。在阅读大量相关资料的基础上，结合实际情况产生灵感，提出适合自己的新课题，并抓紧实施。

3. 从社会实践中凝练选题

在社会生产、生活中不断形成和出现的新问题，是形成科学研究的重要源泉，具有重大的科学价值和现实意义。密切关注实践，与实践部门保持密切联系，了解国内外改革和现代化进程，从中发现新课题。

4. 在交叉学科领域选题

一部科学发展史就是一部不断开拓新领域、不断产生新学科的历史。现在人们认为风马牛不相及的事物，也许不久科学家们就会揭示它们之间重要的内在关系。要敢于从自己熟知的学科跨入生疏的学科，特别是从一些边缘学科或交叉学科中寻找新课题。

5. 借助检索工具选题

查阅有关领域的检索工具，如通过 SCI 数据库、EI 数据库、CNKI 数据库等检索工具，能对正在开展的工作进行量化分析，了解有关领域的研究热点、发展趋势、国际学术研究动态及某领域杰出专家等信息，从中发现新课题。

6. 在意外中选题

确切的目标和周密的计划在研究过程中，经常会因为某种偶然的启迪而发生偏离或改变。当这种偏离或改变发生时，不要急于去纠正它、排斥它。如果它确实给了我们新的启发和新的想法，可以追踪下去，往往会产生意外的有价值的课题。

（三）选题应注意的问题

1. 选题大小适中，不应贪大求全

选题的大小与论文的篇幅相称，与论文的水平要求、层次高低相适应。若选题定得太宽、太大，则涉及面广、太分散，不容易把握全局，也不可能做深入细致的分析，写起来往往是泛泛而谈，难以说深讲透，写出的文章显得肤浅。一般来说，选题还是小一点、具体一点为好，小选题容易驾驭，有时选一些比较具体的所谓"小"题，进行深入的研究、透彻的分析，往往能够取得令人满意的效果。

有学者提出论文选题应"一寸宽，一公里深"，就是说科研人员在选题时要注意选某个课题的一个很小、很专业的方面，并且把这个问题研究透，挖掘到相当的深度，这样才可能发现研究课题的创新点，才有可能达到"古今中外没有学者提出过的论点"。

2. 扬长避短，结合兴趣，充分发挥自己的知识和能力水平

确定论文选题要尽可能与自己的专业背景、知识结构、所从事的工作和个人兴趣联系起来考虑。要热爱和立足于自己所学的研究方向，发挥自己的专长，这样研究起来才会有实践基础。对研究的内容进行充分的了解，使自己的才能得到最大限度的发挥，研究起来才有热情，才能体会深刻，这样才容易将论文写好。除非特殊需要，一般来讲，不要去搞自己不知道或不熟悉的东西，也不要见异思迁，搞远离自己所学专业方向的东西。

四、学术论文的谋篇布局

（一）编写提纲

1. 原则

（1）紧扣主题

主题是论文的灵魂与统帅，结构是表现主题的形式与手段。在论文的主题确定之后，全篇论文都将集中围绕主题展开阐述与论证。结构的安排，首先应该有利于论文紧扣主题。

（2）完整统一

要将论文的各个部分和谐地、有机地组织到一起，使论文组织上协调、格调上一致。做到层次清楚，脉络分明，前后呼应，详略得当，章节之间环环相扣，成为一个有机的整体。

（3）合乎逻辑

学术论文主要是表现一个观点和说明一个道理，要求它的结构必须符合人们认识事物的规律，而提出问题、分析问题、解决问题的过程符合人们认识问题的思维规律。

2. 步骤

第一，先拟定标题。

第二，写出总论点。

第三，考虑全篇总的安排：从哪几个方面，以什么顺序来论述总论点。

第四，大的项目安排妥当之后，再逐个考虑每个项目的下位论点，直到段一级，写出段的论点句（即段旨）。

第五，依次考虑各个段的安排，把准备使用的材料按顺序编码，以便写作时使用。

第六，全面检查，做必要的增删。一是推敲题目是否恰当、是否合适；二是推敲提纲的结构。先围绕所要阐述的中心论点或说明的主要议题，检查划分的部分、层次和段落是否可以充分说明问题，是否合乎道理；各层次、段落之间的联系是否紧密，过渡是否自然。然后再进行客观总体布局的检查，再对每一层次中的论述秩序进行"微调"。

3. 方法

编写论文提纲有两种方法：标题式写法和句子式写法。

（1）标题式写法

用简要的文字写成标题，把这部分的内容概括出来，简明扼要、一目了然，但只有作者自己明白。

（2）句子式写法

以一个能表达完整意思的句子形式把该部分内容概括出来。这种写法具体而明确，别人看了也能明白，但有些费时、费力。

（二）正文结构

学术论文最主要的、占据着最大篇幅的部分是正文，该部分体现了作者想要借以表达的一切，包括思想、思路、观点等。一般来讲，学术论文的基本结构包括序论、本论和结论三个部分，往往被称为"三段论式"，也是论文常用的"基本型"。

1. 序论

序论也叫前言、引言或绪论，它是论文的开头部分。一般包括选题的背景、历史研究回顾、意义和目的或研究的目的、范围、方法及所取得的成果；提出问题或论点，这是序论的核心部分。问题的提出要明确、具体。也可以对本文的基本观点、本论部分的基本内容做一个扼要的介绍，同时说明要使用的研究方法。序论部分应开门见山、引人入胜和简洁有力。序论的写法主要有交代式、提问式、表明观点式和解释概念式几种方法。

2. 本论

本论是分析问题、论证观点的主要部分，也是最能显示作者的研究成果和学术水平的重要部分。本论部分要求论证充分，说服力强；结构严谨，条理清楚；注重观点和材料相统一。

（1）本论部分常采用的方法

①分析和综合。分析就是将客观对象的整体分为各个部分、方面、特征和因素而加以认识。分析是达到对事物本质认识的一个必经的过程和必要的手段。

综合是与分析相反的思维方法，是在分析的基础上，把客观对象的各部分、方面、特性和因素的认识联结起来，形成对客观对象的统一认识，从而达到把握事物的有机联系及其规律性。

分析与综合是辩证统一的，它们既互相对立又互相统一，只有两者结合起来，才能成为一个完整的、科学的逻辑方法。

②归纳和演绎。归纳就是从个别事实中概括出一般性结论、原理。归纳的结论必须建立在大量的个别事实的基础上，若事实不可靠和不充足，都不可能通过归纳得出一般的科学结论和原理。

演绎则是从一般性原理、概念引出个别结论。演绎是逻辑证明的重要工具，人们可以根据确实可靠的命题作为前提，经过演绎推理证明或反驳某个命题。其主要形式是三段式，就是从大前提和小前提中推出结论来。其结论的正确与否，取决于前提是否正确，推理的形式是否合乎逻辑规则。

（2）本论部分常采用的结构

①递进式结构。提出一个论点之后，一步步深入，一层层展开论述。论点即由一点到另一点，循着一个逻辑线索直线移动。它对需要论证的问题，采取一层深于一层的形式安排结构，使层次之间呈现一种层层展开、步步深入的逻辑关系，从而使中心论点得到深刻透彻的论证。

②并列式结构。把从属于基本论点的几个下位论点并列起来，一个一个分别加以论述。它的特点是，围绕中心论点划分为几个分论点和层次，各个分论点和层次平行排列，分别从不同角度、不同侧面论证中心论点，使文章呈现出一种齐头并进的格局。

③并列递进式结构。在并列的过程中，在每一个并列的面上，又展开递进（并列中的递进），或者在递进的过程中，在每一个递进层次上，又展开并列（递进中的并列）。这种结构比前两种更复杂，也更难掌握一些。

3. 结论

结论是一篇论文的收尾部分，是以研究成果和讨论为前提，经过严密的逻辑推理和论证所得出的最后结论。结论应是论文的最终的、总体的结论。结论部分大致包括的内容：本文研究结果说明了什么问题；对前人有关的看法做了哪些修正、补充、发展、证实或否定；本文研究的不足之处或遗留未予解决的问题，对解决这些问题的可能的关键点和方向，以及对课题的展望。

"结句当如撞钟，清音有余。"这一部分的写作要求：措辞严谨，逻辑严密，文字具体，切忌含糊其词，也不能草草收尾或画蛇添足。

五、学术论文的基本格式与写作要求

国家标准规定的科学技术报告、学位论文和学术论文的编写格式，指明学术论文由两大部分构成，即前置部分和主体部分。前置部分包括题名、作者、作者单位、摘要、关键词。主体部分包括引言、正文、结论、致谢（有的没有）、参考文献。

（一）题名

题名又称题目或标题。题名是以最恰当、最简明的词语反映论文中最重要的特定内容的逻辑组合。撰写论文题名一定要准确、简洁和鲜明，并对读者产生吸引力。

第一，准确性。要求论文题名能准确表达论文内容，恰当反映所研究的范围和深度，用词要反映实质，不能用笼统的、泛指性很强的词语。

第二，简洁性。力求题名的字数要少，用词需要精选，要字字斟酌，精益求精，一般不超过 20 个字。若简短题名不足以显示论文内容或反映出属于系列研究的性质，则可利用正、副标题的方法解决。例如，题名"关于钢水中所含化学成分的快速分析方法的研究"，"关于"、"研究"等词汇如果舍弃，并不影响表达意思，上述题名便可精炼为"钢水化学成分的快速分析法"。这样一改，读起来就觉得干净利落、简短明了。

第三，鲜明性。鲜明性，是指使人一看便知其意，不费解，无歧义。

（二）作者

作者是论文内容的构思者、研究工作的参与者和撰稿执笔人员。作者署名一是为了表明文责自负，二是记录作者的劳动成果，三是便于读者与作者的联系及文献检索（作者索引）。

中国作者姓名的汉语拼音采用如下写法：姓前名后，中间为空格；姓氏的字母均为大写，复姓应连写；名字的首字母大写，双名中间加连字符，名字不能缩写。

多作者论文按署名顺序列为第一作者、第二作者等。署名顺序重要的是坚持实事求是的态度，对研究工作与论文撰写实际贡献最大的列为第一作者，贡献次之的列为第二作者，其余类推。

（三）作者单位

作者单位包括单位全称、所在省市名及邮政编码。单位名称（不得采用缩写）与省市名之间用逗号分隔。整个数据项用圆括号括起。英文作者工作单位应在省市名及邮编之后加列国名，中间以逗号分隔。

不同工作单位的作者，应在姓名右上角加注不同的阿拉伯数字序号，并在其工作单位名称之前加与作者姓名序号相同的数字，各工作单位之间并列排列。

（四）摘要

摘要是不加注释、不作评论地陈述论文内容的短文，一般在300字以内。摘要是全文的缩影，应能独立使用，语言精练、简明扼要，一般应概括研究的目的、方法、结果和结论四要素，应重点写出具体的研究结果，特别是创新之处。摘要应写得内容充实，不要过分抽象或空洞无物，不作自我评价。摘要应具有以下几个方面的特性。

第一，独立性。摘要是完整的短文，可以独立使用。

第二，全息性。摘要必须反映论文的全部信息，即不读论文全文，就可从摘要中得到必要的信息。

第三，简明性。摘要应言简意赅，用字精练，少则几十字，多则不超过300字，无图表。

第四，客观性。摘要应从第三人称角度撰写，不得带有具有评论和解释，不得使用"作者"等之类的主语。

撰写论文摘要的常见毛病，一是照搬论文正文中的小标题

（目录）或论文结论部分的文字；二是内容不浓缩、不概括，文字篇幅过长。

（五）关键词

关键词是从论文中选取，最能体现文章内容特征、意义和价值的单词或术语，选编的关键词应注意代表性、通用性和序贯性。关键词一般以 3~8 个词为宜，词与词之间用分号隔开，中文关键词同时应注有对应的英文关键词。关键词十分重要，读者可以通过对关键词的检索与解读来初步判断论文的技术范围。

关键词宜少而精，关键在于能反映出论文的具体内容。当你使用关键词检索时如果关键词没能反映出文章的全部内容，那么有关方面的学者也就不会看到这篇文章。除最新科技名词外，关键词的选择应尽可能规范化、大众化。选取关键词时要注意以下几点。

第一，代表性。关键词是从论文的题名、摘要和正文中抽取的表征论文特征内容的技术代表性词汇。

第二，通用性。关键词主要用于标引或检索，必须选用具有通用性的、被同行熟知的专业用词。

第三，序贯性。如何将关键词有序排列，目前尚无明确的规范加以约束，建议将关键词按技术配套关系，自前至后、由大及小或由小及大有序递归排列，使其具有序贯性。

（六）引言

引言又称前言，居于整篇论文的引论部分。其写作内容包括研究的理由、目的、背景、前人的工作和知识空白，理论依据和实验基础，预期的结果及其在相关领域里的地位、作用和意义。

引言的文字不可冗长，内容选择不必过于分散、琐碎，措辞要精练，要吸引读者读下去。引言的篇幅大小并无硬性的统一规定，须视整篇论文篇幅的大小及论文内容的需要来确定，长的可达 700~800 字或 1000 字左右，短的可不到 100 字。

（七）正文

正文是一篇论文的本论，属于论文的主体，它占据论文的最大篇幅。论文所体现的创造性成果或新的研究结果，都将在这一部分得到充分的反映。因此，要求这一部分内容充实，论据充分、可靠，论证有力，主题明确。为了满足这一系列要求，同时也为了做到层次分明、脉络清晰，常常将正文部分分成几个大的段落。这些段落即所谓逻辑段，一个逻辑段可包含几个自然段。每一逻辑段落可冠以适当标题（分标题或小标题）。

（八）结论

结论是最终的、总体的结论，应该准确、完整、明确和精练。结论一般包括本文研究结果说明了什么问题；对前人有关的看法做了哪些修正、补充、发展、证实或否定；本文研究的不足之处或遗留未予解决的问题，以及对解决这些问题的可能的关键点和方向。结论可以用"结束语"、"结语"等标题来表示。

（九）致谢

必要时可在文末以简短的语言对研究工作或论文写作给予资助或帮助的组织或个人致以谢意。

（十）参考文献

按规定，在科技论文中，凡是引用前人（包括作者自己过去）已发表的文献中的观点、数据和材料等，都要对它们在文中出现的地方予以标明，并在文末列出参考文献。对于一篇完整的学术论文，参考文献的著录是不可缺少的。文后参考文献反映文中有关内容的科学依据和有关资料的出处，或者提供文中提及而没有展开的内容的详尽文本。文后加注参考文献不仅有助于读者了解有关内容，而且是尊重他人研究成果的体现。此外，文后参考文献还是对期刊论文进行统计和分析的重要信息源之一。

参考文献

1. Ricardo Baeza – Yates, Berthier Ribeiro – Neto. 现代信息检索. 北京：机械工业出版社, 2011.

2. 林美惠, 薛华文. 农林信息检索与利用. 北京：人民出版社, 2011.

3. 徐军玲, 徐荣华. 实用科技信息检索与利用. 上海：复旦大学出版社, 2011.

4. 李志河. 大学生信息素养教育. 北京：清华大学出版社, 2010.

5. 吴延熊. 信息检索教程. 北京：中国传媒大学出版社, 2010.

6. 黄如花. 信息检索. 武汉：武汉大学出版社, 2010.

7. 史红改, 方芳. 实用网络文献信息资源检索与利用. 北京：清华大学出版社, 交通大学出版社, 2009.

8. 柴晓娟. 网络学术资源检索与利用. 南京：南京大学出版社, 2009.

9. 朱静芳. 现代信息检索使用教程. 北京：清华大学出版社, 2008.

10. 张黎. 怎样写好文献综述——案例及评述. 北京：科学出版社, 2008.

11. 燕今伟, 刘霞. 信息素质教程. 武汉：武汉大学出版社, 2008.

12. 张白影. 新编文献信息检索通用教程. 北京：首都经济贸易大学出版社，2007.

13. 沈传尧. 数字资源检索与利用. 南京：江苏人民出版社，2007.

14. 关志英，郭依群. 网络学术资源应用导览（科技篇）. 北京：中国水利水电出版社，2007.

15. 黄清，郭映红. 美术信息检索. 北京：高等教育出版社，2007.

16. 关志英，郭依群. 网络学术资源应用导览（社科篇）. 北京：中国水利水电出版社，2007.

17. 彭奇志. 信息检索与利用教程. 北京：中国轻工业出版社，2006.

18. 戴勇敢. 公安文献检索. 北京：中国人民公安大学出版社，2006.

19. 钱树云，杨海平. 化学化工网络信息资源与利用. 南京：东南大学出版社，2005.

20. 百度百科，http://www.baike.baidu.com/.

21. 科学搜索，http://www.scirus.com.

22. 谷歌学术搜索，http://scholar.google.com.hk.

23. 中国消防在线，http://119.china.com.cn.